책 읽어주러 가는 길입니다

어린이도서연구회 대구·경북
책읽어주기 활동 15년의 기록

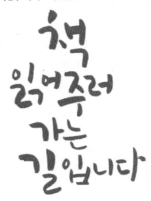

책
읽어주러
가는
길입니다

우윤희 김현주 박나영
백민선 안연희

學而思 학이사

책과 어린이는 양손에 쥔 단어이다

2004년 1월 11일, 김포청소년수련원에서 열린 어린이도서연구회 전국회원연수에서 있었던 학교 책읽어주기 활동가의 사례 발표는 대구경북지부 회원들에게 많은 울림을 주었다. 연수에 참석했던 한 회원은 "학교에서 책을 읽어주면서 겪은 사례 발표와 보람 있던 일, 행복했던 일들을 들려주시며 상기되어 가던 그분의 모습이 얼마나 부러웠는지. 나도 저런 일을 하고 싶은데…"라고 포항지회 회보 〈동화둥이〉에 썼다. 강의를 듣고 많은 회원이 같은 마음이었다.

'나도 저런 일을 하고 싶은데…'

그때 구미지회, 대구지회, 그리고 영천지회에는 자녀가 다니는 학교에서 책을 읽어주는 회원들이 있었다. 영천지회 회원들은 2001년부터 시립도서관에서도 책을 읽어주고 있었다. 하지만 2004년 전국회원연수를 기점으로 '책읽어주기' 활동을 지회 중점 사업으로 정하고 대부분의 지회가 책읽어주기 활동을 하기로 했다. 책 읽어주는 장소도 기존의 자녀 학교를 넘어 회원으로서 공적으로 활동할 수 있는 복지관 등으로 확장해 보고자 했다. 대구, 구미, 포항지회에서는 새롭게 책읽어주기 활동을 시작할 장소를 물색하기 시작했고, 경주와 영천지회에서는 자녀가 다니는 학교나 다른 학교에서 책읽어주기 활동을 시작하는 회원들이 더 많아졌다.

이렇게 '나도 하고 싶다'는 열정 하나로 시작한 책읽어주기 활동은 '좋은 책을 읽어주고 싶다'는 마음과 '내 아이뿐만 아니라 많은 아이들이 좋은 책을 읽으면 좋겠다'는 선의로 확장되었다. 회원 자녀 학급에서 책읽어주기는 접근하기에 좋아 활동 가능한 곳이 있었지만 복지시설이나 공공기관에서 책읽어주기 활동을 시작하는 것은 생각보다 쉽지 않았다. 회원 한 명의 의지만으로 되는 일이 아니었다. 한 기관을 정하면 그곳에 최소 2명에서 많으면 4~5명까지 배정해야 했다.

회원들은 본인 집과의 거리, 교통편, 책 읽어주러 갈 동안 자녀 돌봄 문제 등 고려할 사항이 하나둘이 아니었다. 하지만 무엇보다 힘든 건 기관에서 이 활동이 왜 필요한지 인식하지 못하는 문제였다. 이 문제는 회원들 힘으로 해결할 수 없는 문제였고, 독서에 대한 인식과 소외계층 아이들에게 책이 더 필요하다는 우리들의 생각을 수용해야만 가능한 일이었다.

활동할 장소를 찾고 그 장소로 책을 읽어주러 갈 회원을 확보하는 문제만 있는 것도 아니었다. 회원들은 본인 자녀나 주변 아이들에게 책을 읽어준 경험이 전부라 복지관이나 장애인센터, 노인센터 등에서 책을 읽어주기 위해서는 어떤 기술이 필요한지, 어떤 점을 고려해야 하는지 알지 못했다. 알려주는 사람도 없었고 그저 '좋은 마음', '함께 나누고자 하는 선한 마음'만이 있을 뿐이었다. 그냥 책만 읽고 와도 될지 어떨지 몰라서 색종이, 풍선 같은 것들을 준비해서 독후 활동도 했다. 매번 갈 때마다 이번에는 무얼 해야 하나 고민하고, 그 고민이 책읽기의 즐거움을 잠식한다는 걸 깨닫고 독후활동을 접기까지 많은 시행착오를 겪으면서 나름의 원칙과 방법을 터득했다.

이렇게 활동을 이어온 지 15년.

그동안 지회별로 해마다 책읽어주기 활동을 되짚어 보는 시간과 자리를 가졌다. 지부에서도 다양한 방법으로 활동을 정리하기도 하고, 지회 활동을 지원하는 사업을 기획하고 진행했다. 시간이 지나면서 활동가를 확보하는 것이 힘들다고 하고, 활동 연차에 격차가 커지면서 책읽어주기 활동 중요도에 대한 인식에도 차이가 나기 시작했다. 우리 회가 책으로 직접 사회와 만나는 활동이 당연하고 중요하다고 생각하는 회원과 경험도 없고 그렇게까지 하고 싶지는 않다는 회원 사이에 생긴 간극은 커져간다. 지회 임원들은 그 간극을 줄이기 위해 월례회를 하고 활동가 간담회도 하지만 해마다 더 애를 써야 가능한 일이 되어 간다.

책과 어린이는 어린이도서연구회 회원이 양손에 쥔 단어다. 내 아이, 우리 아이, 겨레의 희망인 아이를 넘어서 이 땅에 살고 있는 수많은 아이들이 즐거움으로 책을 읽고, 자신의 마음을 살찌우면서 건강하게 성장할 수 있도록 돕고자 한다. 예전처럼 책이 없어서 못 읽는 시대가 아니고, 일하느라 책 읽을 시간이 없는 아이들도 많이 줄었다. 그렇다고 세상 모든 어린이가 골고루 책 읽는 즐거움을 가질 수 있는 것은 아니다. 그런 아이들을 찾아 우리는 책을 들고 간다. 읽어준다. 아이들은 듣는다. 가끔은 아이들이 읽기도 한다. 아이들과 책 이야기를 나눈다. 책으로 논다. 어린이만 대상으로 하지도 않았다. 중학생이나 고등학생도 있고, 외국에서 이주해 온 엄마들도 있고, 연세 많은 어르신도 있었다.

많은 이들이 마음 모아 힘 모아 만들어 온 15년 시간과 노력을 정리했다. 이를 통해 회원들과 우리가 책 읽어주는 활동을 계속하는 이유를 짚어보았다. 누가, 언제, 어디서, 무엇을, 어떻게 읽어주었는지도 정리해 보았다. 또 앞으로 책읽어주기 활동이 어떻게 나아가야 할지 생각해 보는 계기가 되기를 바란다.

2021년 1월
우윤희 김현주 박나영 백민선 안연희

차례

차례

2부 잊지 못할 감동의 시간

차례

3부 책읽어주기의 즐거움

1부

책으로 희망찾기
15년의 기록

만나는 사람들이 변하는 모습을 보면서
읽어주는 활동가도 성장해 왔다.
책을 보는 눈이 생기고 사람을 이해하는 눈도 넓어졌다고 말한다.
읽어주는 이와 듣는 이의 상호작용은
활동에 보람을 느끼고 성장하는 요인이 된다.
아이들이 보여주는 변화, 장애를 가진 이들이 보여주는 변화,
같은 책에 대한 다양한 반응 등은
책과 사람에 대한 이해를 높인다.

I

책읽어
주기

활동
돌아보기

01
활동 시작 : 2004~2006

책읽기는 아이들이 책과 재미있게 만날 수 있게 마음을 열어주는 작업

대구경북지부 책읽어주기 활동은 2004년 전국회원연수에서 책읽어주기 활동의 의의에 공감하고 각 지회가 '지회 중점 사업'으로 결정하면서 본격적으로 시작되었다. 당시 영천지회가 시립도서관에서 책을 읽어주고 있었고 몇몇 지회 회원들이 자녀 학교에서 책을 읽어주고 있었다. 하지만 지회 중점 사업으로 책읽어주기 활동을 결정하면서 활동 범위와 의미를 재설정하고자 했다.

2004년 가을에 발간한 포항지회 회보 〈동화둥이〉에서는 "활동 기관을 학교보다는 책으로부터 소외된 곳으로 찾아가자는 의견이 있어 복지관을 활동장소로 정했다"고 기록하고 있다. 2004년 대구지회 회보 〈대구동화읽는어른〉 가을·겨울호에서도 "요즈음 우리 회원들은 각 학교에서 책읽어주기를 하는 것보다는 장애아반이나 시설 같은 곳에서 회원들이 집중적으로 책읽어주기 사업을 하는 것이 좋겠다는 의견을 나누고 있다"고 적고 있다. 자녀 학교에서 시작했던 대구지회는 활동기관을 바꾸어 나가자고 의견을 나누고 있고, 처음 책읽어주기 사업을 시작한 포항지회는 활동기관 선정단계에서 활동 계획을 세우고 있다.

이렇듯 2004년에는 책읽어주기 활동을 지회중점사업으로 결정하면서 좀 더 공적인 활동으로 인식하게 되었음을 알 수 있다. 이미 시립도서관과 자녀학교 학급에서 책읽어주기를 하고 있던 영천지회는 외곽지역에 있는 학교나 회원 자녀가 다니는 학교와 무관한 학교 등 다양한 기관으로 활동 장소를 확장했다. 구미지회는 특수학교에 전체 회원이 활동하는 것으로 결정했고, 대구지회는 당시 모임을 도서관에서 하고 있었기 때문에 도서관에서 책읽어주기 활동을 시작했다. 포항지회는 앞서 말한 책으로부터 소외된 곳으로 복지관을 선택했다.

처음 시작하는 기관은 지회별로 다를 수밖에 없었다. 지역별로 여건이 다르기도 했고, 회원들이 주로 접촉하는 기관도 달랐기 때문이다. 각 지회는 지회별로 섭외 가능한 기관을 중심으로 시작했다.

당시 지회의 책읽어주기 활동 목적을 2005년 발간한 구미지회 책읽어주기 세미나에서 정리한 내용으로 살펴보면 이러하다.

- 책읽어주기는 글쓰기나 입시를 위한 수단이 아니라 아이들이 책과 재미있게 만날 수 있게 마음을 열어주는 작업이다.

- 책읽어주기는 어릴 때부터 좋은 독서 습관을 기르는 데 가장 효과적인 방법이기 때문에 꼭 필요한 것이다.

- 책을 읽어줌으로써 아이들이 책에 대한 즐거움을 느끼고 남의 말을 잘 들을 수 있으며 집중력과 상상력을 길러줄 수 있다.

또 이 세미나에서는 책읽어주기 활동 목적을 짚어보는 것 외에 책을 읽어주는 방법에 대해서도 토론을 통해 합의점을 찾았다. 지나친 구연은 삼가하고 노래를 한 달에 한 곡씩 가르쳐주는 것으로 정했다. 책도 중요하지만 시 노래를 아이들과 함께 공유하고자 하는 의도였다. 또 기관 담당자에게 무리한 독후 활동을 요구하지 않도록 책읽어주기 활동의 목적과 우리 회의 입장을 전달하는 것으로 정리하고 있다.

이 시기는 이처럼 책읽어주기 활동을 하는 목적은 무엇이며, 책 선정과 읽어주는 방법은 어떻게 하는 것인지, 한 번에 읽는 책 권수뿐만 아니라 책 읽어주러 갈 때 복장은 어떠해야 하는지에 대해서도 의논했다. 아직 책읽어주기 활동의 효과나 기관 아이들의 변화를 감지할 단계는 아니었다. 책읽어주기를 '왜', '어떻게' 할 것인가를 의논하고 협의하여 나름의 합의점을 찾는 시기였다.

2006년 초 2년간의 책읽어주기 활동을 정리한 포항지회 자료집에서는 그간의 경험으로 정리한 책읽어주기 효과에 대해서도 언급하고 있다. 듣는 힘을 키우거나 상상력을 키우는 것과 같은 기능적인 효과보다 책 읽는 즐거움을 나눔으로써 아이들 삶에 다가가고, 아이들과 마음으로 만나게 된다고 말하고 있다. 그리고 책읽어주기 활동 전반에 관한 문제를 짚고 해결 방향을 정리하고 있다.

정리하면 2004년부터 2006년까지는 책읽어주기 활동을 지회 중점 사업으로 정하고 활동기관에 변화를 주기 시작했다. 개인 활동이 아니라 지회 활동으로 기관을 선정하면서 책 읽는 방법과 선정, 목적 등에 대해 그동안의 경험을 바탕으로 협의를 한 시기라고 볼 수 있겠다.

02
활동 전개 : 2007~2014

독서 문화 활동 지원 및 전망 모색을 위한 책읽어주기

2007년에는 모든 지회에서 책읽어주기 활동을 했다. 이미 3년 정도 활동 경험을 쌓은 회원들이 있었고, 지회마다 활동을 다양하게 시도하기도 했다. 2007년은 대구경북지부에 정책부가 신설된 해이기도 하다. 그동안 동화읽는어른모임을 운영하는데 교육부와 편집부와 같은 대내적 활동을 관리하는 부서 중심이었다면, 2006년 지회와 지부로 조직이 개편되면서 독서와 도서관 활동을 지원하기 위해 정책부를 신설한 것이다. 첫 사업이 지회별로 진행하고 있는 책읽어주기 활동을 모아 정리하고 의미를 짚어보고자 사례집을 발간하는 것이었다. 지회별로 활동하는 기관 중 주력하고 있는 기관이나 다른 지회에서는 하지 않는 색다른 기관을 골라 구성했다. 3년 동안 활동하면서 지회마다 확장해 온 기관에 특색이 있었기 때문에 가능한 작업이었다.

2008년에는 책읽어주기 활동 현황을 알아보기 위한 설문조사를 했다. 이 설문은 중앙 정책부에서 실시하는 설문이었다. 책읽어주기 활동을 하는 회원은 135명으로 당시 지부 회원 수의 절반이 넘는 숫자였다. 활동처는 주로 학교나 도서관, 교실, 지역아동센터와 같은 초등학생을 대상으로 하는 곳이 많았다. 운영방법은 주 1회, 2인 1조, 1회 30분 정도였다. 이 방식은 지금과 크게 다르지 않다. 4년 정도 활동하면서 가장 안정적인 형태로 자리 잡은 것이라 볼 수 있다. 읽어주는 책에 대해서는 기관별 특성을 살린 목록을 구체적으로 요구하고 있다. 경험을 나누고 실무적인 고민을 담은 강의를 요구하기도 했다. 설문조사 결과를 보면 책읽어주기 활동은 지회마다 자리를 잡고 활동가가 전체 회원의 절반이 넘는 회원들이 참여할 정도로 안착했다고 보아진다. 활동기관은 지역아동센터가 가장 많고 특수시설 등과 같이 평소 책을 편하게 접하지 못하는 아이들을 대상으로 하는 지회가 많았지만 예전보다 다양한 기관에서 활동하고 있다.

2009년과 2013년에는 지부 책읽어주기 활동가 연수가 열렸다. 지회별 사례발표를 하고 활동의 의의를 되짚어 보는 연수였다. 2011년에는 도움자료집을 만들어 지회로 배포하기도 했으며 원하는 지회에는 책읽어주기 활동에 대한 교육을 지원하기도 했다.

이렇게 확장되던 책읽어주기 활동은 2011년 독서 문화 활동 지원

및 전망 모색을 위한 책읽어주기 활동 역사, 활동가 이력, 현황 정리 등이 필요하다는 평가를 했다. 7년 이상 지속된 활동이다 보니 지회별로 이력 정리도 필요하고, 지회마다 활동 편차가 크고 고민하는 지점도 달랐다. 이런 문제를 개선하기 위한 노력이 필요하지만 소홀하다는 평가를 하기도 했다. 2014년에도 활동 현황을 정리할 필요가 있으며 한창 확산되고 있던 책읽어주기 활동 대중화사업에 대한 현황도 정리해야 한다고 평가했다.

지회 안에서는 책읽어주기 활동가 간담회가 안정화된 시기이다. 활동가 간담회는 지회 활동을 점검하고 정리하며 계획하는 시간이 되었다. 해마다 진행하는 지회도 있고 연 2회 진행하는 지회도 있다.

또 하나 중요한 점은 책읽어주기 활동을 수년간 경험한 회원들이 회원이 아닌 활동가를 양성하고 지원하고자 사업을 기획했다는 점이다. 학교에서 책읽어주기 활동을 하던 회원들은 개인 활동을 넘어서 학교 단위로 책 읽어주는 학부모 모임을 이끌어 냈으며 이들을 위해 활동 방법에 대해 의견을 나누는 간담회를 진행했다. 학부모뿐만이 아니다. 청소년 활동가를 양성하여 교내 후배 학급에서 책을 읽어주거나 교외 복지시설에서 책을 읽어주는 활동으로 이끌어 냈다.

활동가 확산뿐만 아니라 읽어주는 책도 그림책 위주로 읽어주던 것에서 긴 시간 읽고 듣는 집중력이 필요한 동화책읽어주기로 확장하자는 의견도 있었다.

03
활동 정체 : 2015~2018

활동가 양성을 위한 대안과 책읽어주기 활동 지원 고민

　책읽어주기 활동 15년 역사를 정리하면서 2014년과 2015년을 분기점으로 정한 이유는 지부 정책부 보고 내용과 지회별 활동가 및 기관 숫자에 눈에 띄는 변화가 생기기 시작했기 때문이다. 2015년 지부 정책부 보고에는 지회별 책읽어주기 활동 기관과 활동가가 부족하다고 보고하고 있다. 2016년에도 활동가와 기관이 늘어나지 않고 있으며 활동가 양성을 위한 대안이 필요하다고 보고하고 있다. 2017년 역시 책읽어주기 활동 지원을 고민하면서 책읽어주기 기관 감소, 활동가 활동 가능 시간에 맞는 장소 고민, 새로운 시도 등이 필요하다고 평가하고 있다.

이 시기에 전체적인 활동 기관 수는 크게 줄지 않지만 활동가 수는 눈에 띄게 줄어들었다. 활동가는 부족하지만 활동 기관을 유지하기 위해 1기관당 활동가 1명이라는 방법으로 해결하고 있다. 이런 현상은 2013~4년부터 서서히 나타나기 시작하다가 2015년부터는 많이 늘어났다. 대구경북지부의 경우 2016년부터 적극적으로 참여한 '동화동무씨동무' 활동이 늘어나면서 더욱 심해졌다.

04
책읽어주기 지부 사업

사회적인 독서에 대한 변화 등 다양한 문제 산재

- 2007년 책읽어주기 활동 사례 모음집 발간

지회별로 특성화된 책읽어주기 사례를 발굴하여 공유할 목적으로 발간하였다. 경산지회(노인병원과 노인센터), 경주지회(장애인복지관), 구미지회(장애아동청소년 학교), 대구지회(교육복지사업 학교 방과 후 교실) 등 지회별로 주력하고 있는 책읽어주기 기관의 특성과 목록, 기관 담당자의 견해까지 포함하고 있다.

- 2008년 책읽어주기 활동 설문조사

전국 회원을 대상으로 책읽어주기 활동 현황을 알아보기 위해 중앙 정책부에서 준비한 설문지를 배포했다. 당시 대구경북지부 회원은 총 245명으로 이 중 책읽어주기 경험이 있는 회원이 179명이었으며, 당시 활동을 하고 있는 회원은 135명이었다. 전체 회원의 절반이 넘는 수가 활동하고 있었다. 주로 학교 도서관, 교실, 그리고 지역아동센터에서 읽는 것으로 나타났다. 2인 1조로 격주로 읽어주러 가면서 주 1회로 번갈아가면서 가는 형식이 가장 많았다. 시간은 주로 30분 내외가 가장 많았다.

- 2009년 경북지부 책읽어주기 활동가 연수

'우리 회의 책읽어주기 활동 역사와 발전방향'을 주제로 오전 강의와 오후 사례발표로 진행하였다. 경산지회(노인복지센터), 영천지회(초등학교), 포항지회(중학교), 대구지회(지역아동센터)가 사례발표를 했고 구미지회 특수학교 교사 회원이 특수학교 상황, 대구지회가 관공서와 협력의 어려움, 포항지회가 책읽어주기 상황과 발전에 대해 발표를 했다. 지부 단위에서 한 첫 연수였다. 이를 통해 책읽어주기 활동의 의의를 다시 한번 짚고, 지회별 활동가 모임을 정례화할 것을 제안하고 공유하였다.

- 2010년 지회별 책읽어주기 활동가 모임 안정

2009년에 지회별 활동가 모임을 정례화할 것을 제안하였는데 2010년 지부총회자료집에는 지회별 책읽어주기 활동가 모임이 안정되었다는 평가를 하였다.

- 2012년 책읽어주기 도움자료집 제작 & 책읽어주기 대중화 사업

2004년부터 시작한 책읽어주기 활동이 수년 지속되면서 활동가에도 변화가 생기고 지회별로 편차가 크고 고민도 다르다는 평가에 따라 책읽어주기 도움자료집을 제작, 배포하였다. 지부 정책부 평가에서는 책읽어주기 활동을 대중화하기 위한 사업으로 청소년 책읽어주기 지원 사업에 대해 긍정적으로 평가하고 있다. 2011년 구미지회가 처음 시작해서 2012년에는 포항으로 확산되었다. 활동에 어려움은 있으나 평가를 통해 개선하고 있으며 학부모 책읽어주기 간담회 지원 요청도 증가하고 있다고 보고하고 있다.

- 2013년 책읽어주기 활동가 워크숍

'우리가 책이다' 를 제목으로 지부 활동가 연수를 열었다. 읽어주기 좋은 책에 대한 조사 결과를 발표했으며 학부모 책읽어주기 간담회에 대한 사례 발표도 있었다. 학부모 간담회나 활동가 워크숍, 책읽어주는 교사를 위한 연수 등에 대한 요청이 증가하지만 활동가가 부족하다는 평가도 있었다.

- 2018년 책읽어주기 간담회

지회별 활동 사례 발표와 기관 유형별 책읽어주기 토론이 있었다.

지회별 회원 대상 책읽어주기 강의나 '찾아가는 정책연수'가 필요하다는 평가도 있었다. 동화동무씨동무 활동이 강조되다 보니 책읽어주기 중요성 인식도가 감소하고 있으며 활동가 모임이나 간담회를 지부 차원에서 하는 등 새로운 방향을 모색해 볼 필요가 있다고 평가했다.

현재 전체적인 회원 감소, 활동가 감소, 회원 간의 활동 역량 편차, 사회적인 독서에 대한 변화 등 다양한 문제가 산재하고 있다. 그럼에도 불구하고 우리 회원들은 왜 책을 읽어주기 시작했고, 어떤 의미가 있는지 다시 한번 되짚어 보는 계기가 되기를 바라며 15년 동안 활동한 기관, 읽어준 책, 활동가 등에 대해 살펴보고자 한다.

II

책읽어
주기

활동
정리

01
활동 기관

지회별 기관 현황

지회별 연도별 기관은 창립 초기인 2008년까지는 증가하다가 이후 큰 변동 없이 유지되었다. 그러나 최근 2015년부터는 눈에 띄게 줄어들었다.

지난 15년간 지회별로 활동한 기관 수를 살펴보면 포항지회 활동기관 수가 142곳으로 가장 많다. 회원 수가 가장 많은 지회였고, 많은 회원이 왕성하게 활동하던 지회였기 때문이다. 다음으로 대구지회가 85곳, 영천지회가 84곳, 구미지회 79곳 등의 순으로 많다. 경주지회와 영천지회는 초등학교에서 책읽어주기 활동을 많이 했기 때문에 실제 활동 회원 수와 학교 수가 많이 있었지만 여기에 반영되지는 않았다.

학부모로서 학교에서 한 책읽어주기 활동은 제외했기 때문이다. 전체 회원이나 부서 모둠 회원이 모두 의무적으로 참여하는 기관의 경우도 활동가 수는 많지만 기관 수는 1개로 인정되었다.

기관 분류

책읽어주기 기관을 성격으로 구분하여 살펴보면 종류도 다양하고 어린이뿐만 아니라 여러 연령대에 책읽어주기를 진행하고 있음을 알 수 있다. 이들을 기관 성격과 읽어주는 대상에 따라 나누어 보면 크게 학교, 병원, 도서관, 사회복지시설로 나눌 수 있다. 학교는 초등, 중등, 특수학교, 유아학교로 나누었으며, 도서관은 공공과 작은도서관으로 구분했다. 병원은 어린이병동과 노인병동을 구분했다. 사회복지기관은 아동 방과 후 돌봄시설과 다문화가정 지원기관, 노인복지센터, 장애인복지시설을 구분했다.

기관 유형의 수를 보면 학교에서 초등 87, 중등 14, 특수학교 26, 유치원과 유아원이 26곳으로 모두 153곳이며, 도서관 87곳, 병원 18곳이다. 사회복지기관은 아동돌봄이 218곳, 다문화 5곳, 노인복지시설 11곳, 장애인 53곳과 기타 8곳 등으로 모두 295곳으로 압도적으로 많다.

기관별로 특성을 살펴보면 학교는 학급, 방과 후 교실, 학교도서관

등 장소에 따라 다르다. 학급 책읽어주기는 한번 정해지면 대상이 쉽게 변하지 않고 읽어주기를 하는 동안 들어오고 나가는 아이들이 적어 비교적 안정적으로 할 수 있다. 하지만 같은 학교라 하더라도 방과 후 교실은 교육복지사업으로 만들어진 단위나 돌봄 교실로 이루어진 경우 듣는 어린이 독서력이 낮아 도서 선택에 고려할 점이 있다. 학교 도서관의 경우는 대상의 학년과 인원이 불특정하여 도서 선택과 읽어주는 방법에 변화를 줘야 한다.

병원은 어린이 병동의 경우는 병실 밖의 공간에서 함께 읽기도 하고 병실에서 읽을 때도 있다. 노인 병동은 치매 노인이나 거동이 불가한 노인들이 있는 경우 병증의 유무에 따라 읽는 장소나 상황에 변수가 많다. 병원에서 책읽어주기는 대상의 컨디션에 따른 돌발 상황을 고려해야 한다.

도서관은 공공도서관이나 작은도서관으로 나누어지지만 도서관 규모의 차이보다는 읽어주는 대상이 유치원이나 어린이집에서 단체로 견학을 온 아이들인지 불특정하게 모인 아이들인지에 따라 달라진다.

사회복지기관 중 복지관은 방과 후 돌봄교실의 의미가 커서 지역아동센터와 비슷하다. 대부분 소규모고 고정된 아이들이 듣는다는 장점이 있지만 복지사 선생님의 관여가 많아질 때는 조율이 필요하다. 다문화 지원센터는 다문화가정의 부모와 아이로 나뉘는데 연령뿐만 아니라 한국어 능력정도 등 대상에 따라 난이도를 고려해야 한다. 노인

센터의 경우는 고령자를 대상으로 하는 책읽기다. 노인 병동보다는 거동이 덜 불편하고 인지력이 조금 낫긴 하지만 대상의 컨디션에 따라야 하는 것은 노인 병동과 비슷하다. 장애인 복지관에서는 책읽기에 우선하여 얼굴을 익히는데 시간이 필요하고 책을 고를 때 난이도 조절이 필요해 읽어줄 책을 고르기가 쉽지 않다.

기타 기관으로는 경산 드림스타트, 마더 센터, 문경 문화의 거리, 모전 공원, 청소년 문화의 집 등이 있다.

기관 선정

지회별로 책읽어주기 기관을 선정하는 과정은 비슷하다. 기관에서 요청이 오거나 책읽어주기 활동을 홍보하는 과정에서 섭외가 된다. 활동가에 비해 요청하는 기관의 수가 많으면 거절하기도 하고 활동기관을 늘이고 싶지만 활동가가 부족해서 못 하는 경우도 있다. 지역이 넓은 지회는 활동 기관이 도심과 멀어 운전을 해야만 갈 수 있는 곳도 있고, 대도시의 경우는 대중교통으로 시간이 너무 많이 걸려서 힘들다는 의견도 나온다. 활동가가 접근할 수 있는 지역 범위 내에 활동기관이 있어야 하는데 그 연결이 쉽지만은 않다. 도시가 아닌 경우 활동처가 가깝지 않아서 본인이 운전을 해야 하는 경우도 많고 책읽어주기를 원하는 곳이 많아서 요청을 다 받아주지 못한다.

구미지회의 경우 기관의 신청이 많아서 한 기관을 2년씩 읽어주는 것으로 기간을 한정하여 여러 지역아동센터에서 진행할 수 있도록 하고 있으며, 울진 지회는 활동처가 시외인 경우가 많아 활동가를 보내기가 쉽지 않다. 경주 지회는 활동처가 줄었다가 최근 책읽어주기 활동가 모임을 만들고 활동 기관을 늘려가는 중이다. 문경, 예천지회는 기관에 국한되기보다는 소도시의 특성을 살려 축제, 공원 등을 적극적으로 활용해 활동을 해나가고 있다.

이렇듯 지역 환경에 따라 지회별로 기관을 선정하는 방법이 다르다. 활동 초기 책을 읽어준다는 것이 어떤 것인지 설명하거나 활동 이유에 대해 설득해야 했으나 지금은 책을 읽어주는 것이 복지시설이나 학교에서 낯설지 않게 되었다. 이제는 책을 읽어주겠다는 것을 설득하는 기관 선정이 아니라 회원들 형편에 맞는 기관을 선정해야 하는 때가 된 것이다.

활동가 배정 방법

활동가 배정방법은 지회마다 조금씩 다르다. 기관에서 요청이 들어오면 회원들에게 공고를 내서 모집하는 지회도 있고 회원들이 추천해서 배정되기도 한다. 활동 연차나 책읽어주기 활동 경험을 조건으로 하는 동화동무씨동무 활동과는 달리 신입회원도 참여할 수 있다. 활동을 시작하기 전에 책읽어주기가 우리 회의 중요한 기본 활동이고 책은 추천도서 목록에 있는 책이 우선되어야 하며 책 준비나 출석체크 등 그 이외의 일은 기관에서 하도록 한다는 원칙을 교육하고 있다.

하지만 대부분 활동 장소까지 오가는 시간도 많이 걸리고 활동기간이 단기간이 아니기 때문에 활동가를 확보하기가 쉽지 않다는 것이 최근 지회 실정이다. 2014~5년부터 활동가 부족을 토로하고 있다. 활동가가 줄어드니 기관에서 요청을 해도 받아들일 수가 없어 활동기관 수도 자연스럽게 줄어드는 추세이다. 요청하는 기관을 줄이고 싶지 않을 경우 1기관에 2명이 돌아가면서 가던 것을 1명으로 줄여 매주 가는 것으로 바꾸기도 한다. 심한 경우 1명이 여러 기관에 읽어주어 기관 수는 줄지 않으나 활동가 수는 줄어드는 경우도 있다. 이런 현상은 힘들지만 책읽어주기 활동을 유지하려는 회원들의 노력이다.

책읽어주기를 나갈 때 기관에서 늘 호의적인 반응만 보여주는 건 아니기 때문에 활동을 처음 시작하는 회원들에게는 또 다른 부담이 된다. 변화무쌍한 아이들의 반응은 활동을 하면서 익숙해지고 요령이 생기게 된다. 복지관이나 학교는 듣는 아이들이 늘 기다리고 있는 곳이지만 도서관처럼 개방된 공간에서는 아이들이 없을 때도 있다. 이럴 때는 결국 읽어주기 시간을 없애거나 시간이 경과해 흐지부지하게 되기도 한다. 이런 변수들은 활동가가 애쓴 보람도 없게 만들어서 활동가 확보에 장애가 되기도 한다.

활동가 배정 방법은 초기보다 활동가 수가 줄어든 이유로 원칙을 고수하기보다 가능하면 배정할 수 있도록 노력하는 쪽으로 바뀌고 있다.

02
활동가

활동가 수

활동가 수를 보면 포항이 가장 많은 349명, 다음으로 대구가 187명, 영천 138명, 구미 134명, 경산 114명, 예천 97명, 경주 77명, 2015년부터 시작한 문경 10명, 울진은 2014년부터 3년간 6명이 활동했으나 2017년과 2018년에는 활동가가 없었다. 이렇게 모두 1,112명이 지난 15년간 책읽어주기 활동을 했다.

1,112명의 활동가 중에는 역시 활동기관 수가 가장 많았던 포항지회가 가장 많다. 대구지회와 영천지회, 구미지회, 경산지회 모두 100명이 넘는 활동가가 책읽어주기 활동에 참여했다. 활동가 수도 활동기관과 같이 초반에 점점 늘어나다가 2015년부터 급격하게 줄어들었다.

활동 시작 동기

회원들은 왜 책읽어주기 활동을 시작하게 되었을까. 회원들에게 물어보았다. '회원으로서 당연한 활동'이라는 응답이 가장 많았다. 초기에 활동을 시작한 회원뿐만 아니라 입회한 지 오래되지 않은 회원들도 같은 응답을 했다. 그 외에도 '아이들에게 책을 읽어주고 싶다는 마음에서 시작했다'는 응답도 많았다.

활동을 하게 된 동기 설문조사 결과

동기	응답자 수
회원으로서 당연한 활동이다	28
아이들에게 책을 읽어주고 싶다	19
회원이 되면서 자연스럽게 시작했다	8
회원들의 권유	6
봉사 정신	4
책을 이해하고 싶다	3
기타	5

- 회원으로서 당연한 활동이다

책읽어주기는 회원으로서 당연하게 하는 활동이고 회 활동의 연장선이다. 책읽어주기가 지회 사업이기 때문에 또는 책읽어주기를 주관하는 부서 소속이라서 시작한다. 회원으로서 회 활동을 하면서 책읽어주기를 해야 한다는 책임감과 의무감이 생긴다. 초기에 활동을 시작한 회원들은 2004년 전국에서 회원들이 모두 활동가가 되어 책을 읽어주는 분위기 때문에 혼자 안 할 수가 없어서 시작하게 되었다고도 한다. 그때 책읽어주기 강의를 듣고 마음을 내었다고 말한다.

임원이 되거나 연차가 지날수록 활동을 하지 않으면 부담이 되어 시작하게 된다고도 한다. 지속적으로 하던 기관이 활동가가 없어 끊기게 되는 상황이나 같은 지회 회원이 그만두게 되면서 자연스럽게 이어받는 경우도 있다. 해당 요일에 시간이 될 때, 망설이는데 때마침 빈자리가 생겼을 때, 선뜻 나서는 사람이 없을 때 등의 특정 상황이 활동을 시작하는 계기가 되기도 했다.

신입회원이 되면서 자연스럽게 기회가 생겼다고도 했다. 입회 이후 책읽어주기 활동가 간담회를 보거나 책읽어주기 활동에 참관을 가게 된 것이 계기가 되기도 했다. 또 어린이책을 접하면서 자연스럽게 시작했다거나 회원들이 권유하고 추천하여 마음이 움직였다는 의견도 있었다.

이렇게 책읽어주기는 회원들이 당연히 해야 하는 활동이라고 인식하고 있다. 초기에는 지회 집중 사업으로 결정했기 때문에 그랬고, 중반부에는 이미 활동하고 있는 기관들을 관리하기 위해서 그랬다. 신입회원들은 지회에서 책읽어주기 활동 간담회에서 듣거나, 읽어주는 곳에 가서 직접 보거나, 회원들이 한번 해 보라는 추천을 하면서 자연스럽게 시작하게 된다.

- 아이들에게 책을 읽어주고 싶다

회원으로서 당연한 활동이라거나 의무감에 이어 '아이들에게 책을 읽어주고 싶다' 는 대답이 많았다. 어린이도서연구회는 어린이책을 읽는 모임이다. 재미있는 책을 읽고 이야기 나누다 보면 아이들과 이 재미있는 이야기를 공유하고 싶다는 생각을 하게 된다. 그런 이유로 활동을 시작한 회원이 많다는 것은 어쩌면 당연한 일일지도 모른다.

회원들은 아이들과 함께 읽고 공감하고 나누는 게 좋고, 다양한 어린이 문학을 접하게 해주고 싶었다고 했다. 또 책과 만나기 어렵거나 기회가 없는 아이들에게 알려주고 싶고, 내가 재미있게 읽은 책을 아이들이 어떻게 받아들이는지 궁금했다고도 했다. 그림책이 너무 재미있는데 아이들에게 그 재미를 알려주는 것이 마땅하다는 사명감으로, 방과 후에 갈 데가 없어서 책가방을 메고 돌아다니며 싸움질을 하던 반 애들을 보고 방과 후 책읽어주기를 시작했다고 한다.

내 아이에게 우리 아이들에게로 눈을 넓히는 과정이라고도 할 수 있다.

- 책읽어주기를 꼭 해보고 싶었다

회원들 중에는 책읽어주기 활동을 꼭 해보고 싶었다고 대답한 경우도 있다. 회원이 되어 꼭 해 보고 싶은 활동이었으며 경험해 보고 싶었다고 한다. 또는 지회에서 하는 여러 가지 활동 중에서 가장 잘 할 수 있는 일이라 시작했다는 회원도 있다. 다른 회원들이 활동하는 모습을 보고 해보고 싶었다고 한다. 책을 읽어주는 일, 그 자체를 즐겁게 생각하는 회원들의 답변이다.

- 기타

책이 좋아서, 그림책을 더 잘 이해할 수 있을 것 같아서, 책에 대한 흥미와 관심이 있어서, 책과의 거리를 좁혀보고 싶어서 시작했다는 회원들 답변도 있었다. 또 책 전시를 계기로 시작했다고도 한다. 회 활동이 자연스럽게 책읽어주기 경험을 하게 하는 경우다.

책읽어주기 활동을 봉사로 생각해서 개인의 봉사 정신으로 생각하기도 하고, 나의 재능을 이웃과 나누고 싶어서 시작한 경우도 있었다. 또 기관에서 제안해서, 학교도서관 사서 도우미를 하거나, 아이가 다니는 학교라서, 내 아이 교실에서 책읽어주기를 하고 내 아이에게 도움이 되고 싶어서 시작했다는 의견도 있었다.

힘든 점

앞서 살펴 본 동기로 활동을 시작했지만 하다 보면 힘든 점이 없을 수 없다. 책읽어주기 활동 회원들을 대상으로 힘든 점을 질문한 설문은 그동안 여러 차례 있었다. 대구경북지부 2007년 책읽어주기 사례집에서는 기관별로 힘든 점을 질문했다. 2008년 책읽어주기 현황 설문 조사, 2018년 책읽어주기 정책연수 설문 조사, 2019년 4월 설문 조사에서 책읽어주기 활동을 하는데 힘든 점이 무엇인지 질문했다. 그 외의 지회 자료를 참고하여 활동 회원들이 힘들어하는 것에 어떤 것들이 있는지 정리해 보았다.

먼저 2008년과 2018년 설문 자료를 비교해 10년 전 설문조사와 차이점과 공통점을 살펴보았다.

책읽어주기 설문조사 비교

	2008년	2018년
같은 점	• 읽어줄 책을 고르는 일 (25명) • 아이들과 소통 (21명) • 실무자와 소통 (6명)	• 책 선정이 어렵다 (38명) • 아이들 반응 (23명) • 기관과의 관계 (2명)
다른 점	• 특정 장소에서 느끼는 불편함 (19명) • 책읽어주기 활동을 할 준비가 덜 되어 있어서 (17명) • 읽어줄 책을 확보하기 어렵다 (12명) • 독후활동에 대한 부담 (11명) • 기타 (5명)	• 시간을 내기 어렵다 (17명) • 개인적인 어려움 (7명) • 아이들이 없다 (3명)

10년이 지났지만 여전히 힘든 점으로는 읽어줄 책을 선정하는 일에 대한 부담이 가장 많다. 아이들과 소통하는 방법과 아이들이 하는 반응이 힘들다는 의견도 예나 지금이나 변함없이 많다.

2008년에는 활동가도 많고 책읽어주기가 확장되는 시기여서 장소 (기관)를 여러 방향으로 확장하고 책 읽어주는 방법도 다양하게 시도 해보는 시기였다. 장소마다 성격이 다른데 활동가가 맞춰야 하는 상황이 힘들고, 책을 읽어주고 독후활동을 하는 경우도 있었는데 그에 대한 부담도 컸다. 너도나도 책을 읽어주는 분위기에서 막상 책읽어주기 준비가 덜 된 회원들이 활동을 하게 되는 경우도 있었다. 하지만 2018년은 회원들이 경제활동을 하거나 바빠서 시간을 내기 어렵고, 개인적인 사정으로 활동하는 회원이 줄어들었다. 장소에 대한 불편함은 시행착오를 겪으면서 적합하지 않은 곳은 정리하고, 기관에 대한 이해를 하고 활동하기 때문에 장소에 대한 부담은 줄었다고 볼 수 있다.

책읽어주기가 힘든 이유를 구체적으로 살펴보면 다음과 같다.

- 책 선정의 어려움

어떤 책을 읽어줄까? 어떤 책을 가지고 가야 재미있어 할까? 하는 고민이 깊다. 신간을 읽어야 할 것 같고 대상에 맞는 책을 선정하는 것이 힘들다. 그래서 책읽어주기를 시작하는 회원들은 특히 목록에 대한 고민이 많다. 재미있는 책에 반응이 없는 아이들을 볼 때 어떻게 읽어줘야 하나? 무슨 책을 읽어줘야 하나? 고민하게 된다.

이런 이유로 지회마다 책읽어주기 좋은 목록을 만들기도 하고, 지부에서도 기관별로 읽어주기 좋은 책 목록을 따로 추천받아 워크숍을 열기도 했다. 그래도 활동가에게 어떤 책을 읽어줄지 선택하는 일은 항상 어려운 일이다.

- 아이들과 관계

책을 읽어줄 때 아이들이 반응을 보여주지 않으면 활동가들은 고민에 빠진다. 어떻게 하면 관심을 끌며 책을 읽을 수 있는지, 아이들은 어떻게 이끌어야 할지, 아이들과 호흡을 맞추는 일이 너무 어렵다고 한다. 읽어주는 중간에 일어나는 일들에 대한 대처 방법을 생각해 내지 못할 때도 있다. 내 아이와도 쉽지 않은 소통이 한두 명도 아닌 여러 명의 아이들과 만났으니 더 어려운 것은 어쩌면 당연한 일이다. 그러나 정해진 시간 안에 책을 읽고 끝내야 하는데 듣는 이와 소통이 안되면 어떻게 하나 활동가에게 불안감을 주기도 한다. 내가 능력이 부족해서 아이들을 잘 다루지 못하는 것은 아닌지 걱정도 하게 한다. 이런 점은 활동가에게 힘든 점이 된다.

게다가 아이들이 들을 마음이 없다는 것을 숨기지 않고 표현할 때도 있다. 온몸으로 거부하는 것이 느껴지기도 한다. 아예 아이들끼리 얘기하고 듣지 않을 때도 있다. 그래서 책을 읽어주지도 못하고 나올 때도 있다. 이럴 때 활동가들은 왜 이 일을 해야 하나 회의감마저 들기도 한다.

책 읽어주는 것을 듣는 것도 아이들에게 쉬운 일은 아니다. 책은 그저 재미없는 것이라는 인식이 훨씬 강하게 새겨져 있는 아이들에게 책을 읽자고 하니. 그게 어디 쉬운 일이겠는가. 애써 마음 내고 시간 내서 갔을 때 이런 경험을 하면 힘들기 마련이다. 이런 아이들과의 어려움은 활동가가 재미있는 책을 찾도록 만든다. 읽어줄 책을 고르는 것이 힘들다는 점과 연결된 지점이다.

- 기관별로 다른 어려움

책읽어주기 기관과 듣는 대상에 따라 다른 힘든 점이 있다.

학교 교실은 아이들이 주로 저학년이라 집중력이 부족하고 교사들이 무관심힐 때 책 읽는 시간이 어수선하기 쉽다. 학교 보육반이나 학교도서관은 아이들이 오는 시간이 일정하지 않고 아이들이 시간 약속을 지키지 않아 같은 책을 두 번 읽어 줄 때도 있고, 들쑥날쑥해서 집중하기 어렵다. 자리가 좁은데 아이들이 너무 많아서 책을 읽으러 오는 아이들이 불편해하기도 한다.

공부방이나 복지관, 지역아동센터처럼 방과 후에 만나는 복지기관에서는 아이들 연령을 맞추기 어렵고 정서적으로 유대감이 부족하다. 아이들의 참여도가 낮고, 아이들이 오는 시간이 일정하지 않아서 산만하기도 하다. 독립된 시간과 공간을 제공받지 못해서 다른 활동과 서로 방해가 되기도 한다. 공공도서관은 홍보 부족으로 아이들 참여가 저조하다. 그래서 "도서관에서 책을 읽어주는지 몰랐네요."라고 하는 사람들이 종종 있다. 불특정한 대상이 참여하다 보니 연령 차이가 많아서 책 선정도 쉽지 않다.

책읽어주기 시작 전 수업 시간에 벌어진 일로 인해 한 아이가 울음을 멈추지 않고 있었다. 내가 달래주려 해도 담임 선생님, 보조 선생님은 그냥 두라고 하셔서 어떻게 할지 몰라 당황했다. 울음이 잦아들어 다른 아이들에게 책읽어주기를 시작했지만 울다 멈추기를 반복하는 아이 때문에 다른 아이들도 집중하지 못했다.

- A 특수학교 활동 회원

다문화 쉼터 아이들을 만났다. 인원이 몇 명 안 되었는데 번갈아가면서 자주 빠졌고, 국적이 서로 다른 엄마들끼리 다툼이 많아서 사이가 안 좋아지면 서로 만나지 못하게 했다. 초등 저학년 대상이었는데 너무 어린 동생들이 함께하는 경우도 많았고, 자주 돌발 상황이 있었다. 아이들 상황도, 활동도 안정적이지 않아서 제일 힘들었다.

- 다문화기관 활동 회원

이렇게 특정 장소와 특수한 상황에서 예기치 못한 변수들이 생기기도 한다. 지적장애 및 발달장애 등 장애아에 대한 이해 부족으로 긴장하기도 한다. 갑작스러운 행동에 당황하거나 무표정과 대답 없는 침묵에 힘들고 지친다. 이런 어려움은 우리 회원들이 전문적인 교육을 받은 경험이 없기도 하고, 다양한 층위의 사람들의 사정을 잘 모르기 때문에 생기게 된다. 물론 묵묵히 활동하다가 쌓인 경험으로 극복해내는 회원도 있다.

기관이 너무 무관심하고 성의가 없다고 느낄 때가 있기도 하다. 책 읽어주기 시간에 사람이 없을 때도 있다. 매주 찾아가는 기관에 자체 행사나 다른 일정이 있을 때, 변경사항에 대한 전달을 받지 못해 헛걸음을 할 때가 그렇다. 시골 작은 학교의 경우 선생님들이 출근을 너무 늦게 해서 아이들은 전혀 준비가 안 되어 있고, 빈 교실에 문을 열고 들어가야 할 때도 있다. 아이들이 큰 소리로 문제를 상의하면서 풀거나 다른 숙제를 하는 등 책 읽는 일이 무시될 때가 있다. 회원들이 이럴 때 어떤 기분일지는 굳이 말할 필요가 없을 것이다.

- 활동가의 부담

책 읽어주는 시간은 보통 30분 남짓이다. 아무리 길어도 1시간이 넘는 곳은 거의 없다. 회원들이 책 읽어주러 가는 거리와 시간은 읽어주는 시간보다 훨씬 길다. 학교로 책 읽어주러 가는 회원은 이른 아침에 준비해서 나가야 한다. 자녀가 어린 경우는 더욱 힘들다.

매주 금요일 아침이면 나는 잠시 혼이 나간 사람이 된다. 초등학생인 아들을 깨우고, 뒤이어 6살인 아이를 깨워서 밥을 먹이고 씻기고, 옷을 입히고, 나 역시 씻고 옷 입고 집을 나설라치면 "빨리빨리, 엄마 늦었어."가 입에서 떠나질 않는다. 누가 보면 출근하는 엄마가 애들 학교, 유치원 데려다 주는 풍경이라 생각하겠지만 그것도 아니다. 그렇게 큰아이 학교에 데려다 주고, 작은아이 유치원에 데려다 주고, 내가 가는 곳은 ○○초등학교 2학년 2반 교실이다. …… 기회가 된다면 내년에 또 해보고 싶지만, 그렇게 되면 우리 둘째는 연속 2년으로 매주 한 번은 전교 1등으로 유치원에 출석 도장을 찍게 될 거다.

- 학교 활동 회원

아침 일찍 학교로 책 읽어주러 가는 회원이 쓴 글이다. 주로 오후 시간에 읽어주러 가야 하는 기관도 다르지 않다. 대중교통이 잘 갖춰져 있지 않은 지방 소도시나 군 단위 지회는 자가 운전이 안 되면 활동이 불가능하기도 하다. 이런 시간적, 물리적 거리는 활동가가 가장 먼저 극복해야 할 어려움이다.

활동하고자 하는데 어려움이 있는 것이 아니라 시도해 보기도 힘든 사정도 있다. 개인 사정으로 힘들기도 하고, 건강이 문제가 되기도 한다. 책을 읽어주어야 하는데 목이 약하거나, 목이 아파서 소리가 나오지 않는 경우도 있다. 갑자기 병이 나는 경우는 더욱 그렇다. 이런 경우 하고 싶어도 할 수 없다. 활동을 하고 싶지만 책읽어주기 자체가 너무 힘들고 부담스러워서 아이들을 만나는 마음이 힘들고 미안하다는 회원도 있다. 내가 잘 할 수 있을지 자신감이 없다고도 한다. 오래 활동한 어느 회원은 더 이상 책 선정에 고민을 하지 않고 하던 대로 대충 하는 자신을 견디기 힘들다고 한다.

다른 회원들이 열심히 책읽어주기를 할 때 나는 선뜻 나서서 하겠다는 말을 하지 못했다. 좋은 취지로 나도 많은 의미를 부여할 수 있었지만 첫발을 내딛는 것이 쉽지는 않았다.

내가 정말 끝까지 할 수 있을까?

워낙 중간에 하다 마는 일이 많아서 내가 내 자신을 믿어주지 않았다.

- 회원 이○○

활동을 하면서 느끼는 어려움도 있고 하고 싶어도 할 수 없어 느끼는 어려움도 있다.

- 지회의 어려움

책읽어주기 활동이 활동가 개인에게만 어려운 것은 아니다. 활동가가 부족하다, 일을 해서 바쁘고 시간이 없다, 정해진 약속이 부담스럽다, 책을 읽어줄 자신이 없다 등을 이유로 회원들이 책읽어주기를 못하겠다고 한다. 이럴 때 책읽어주기 활동을 관리하는 부서 소속이거나 다른 활동을 하는 회원들이 추가로 맡아야 하는 상황이 되기도 한다.

혼자 센터를 맡았던 한 회원이 갑자기 그만두었는데 어렵게 시작한 센터라 중간에 정리할 수가 없었다. 누군가 맡아줄 회원을 찾았는데 나서는 사람도 없었다. 회원 두 명이 각자 자기가 맡은 센터 활동을 매주 진행하면서, 추가로 이 센터 활동을 격주로 진행한 적이 있다. 앞에 진행한 활동가가 읽어준 목록을 살피고 다른 회원의 목록도 살펴야 하는 일도 힘들었고, 아이들과의 소통도 쉽지 않았다.

- A지역아동센터 활동 회원

2006년부터 시작한 지역아동센터 책읽어주기가 위기를 맞이한 적이 있다. 지회 사정이 전반적으로 침체된 상황이고 활동가가 부족했다. 월 4회가 월 2회로 또 몇 달 동안 회원 혼자 월 1회로 들어간 적이 있다. 목요일 4시부터 5시는 책읽어주기 활동을 위해 개인적으로 일이 있었지만 9년간 수업을 잡지 않았다. 그러다가 목요일 이 시간을 원하는 수업이 있어 스스로의 룰을 깨고 센터에 전화해 금요일 3시 30분으로 활동시간을 변동했다. 마음이 편치 않았다.

책읽어주기 활동에 대한 고민도 컸고 그래서 그만해야겠다고 마음을 먹고 센터에 갔다가 오랫동안 함께했던 아이들이 성장한 모습을 보고 인사를 나누고 보니 차마 입이 떨어지지 않아 말을 못 하고 활동을 계속했다.

- B지역아동센터 활동 회원

처음 보는 지적장애인들, 무섭기도 하고 떨리기도 했다. 이것이 솔직한 나의 심정이었다. 만 3년이 지나 책을 읽어주면 몇몇 아이들이 열심히 들여다보고 대답하고 반응한다. 나와 그들이 책을 통해 소통하고 있을 때다.

"예끼 이놈!" "예끼 이놈!"

"훨훨 간다." "훨훨 간다."

『훨훨 간다』를 읽으며 그림책 속의 농부와 할아버지가 되어서 서로 말을 주거니 받거니 한다. 영문도 모르고 그저 따라 하는 게 좋아서 웃고 떠드는 아이, 그림책 속에 빠져서 즐거워하는 아이, 아예 책에는 관심이 없고 컴퓨터 앞에서 컴퓨터와 씨름하는 아이, 돌아다니는 아이, 각양각색의 아이들과 책을 읽는다. 한 아이 한 아이 옆에 앉히고, 그림책을 서로 들여다보면서 책을 읽어줄 수 있으면 얼마나 좋을까? 책 읽어주는 사람의 숨소리를 들으며 어깨를 맞대고 책을 통해 서로 이야기할 수 있으면 얼마나 좋을까? 그렇다면 저 아이들 모두에게 책 읽는 즐거움을 줄 수 있을 텐데…. 활동가가 많지 않아 그렇게 할 수 없는 현실이 안타까울 뿐이다.

- B특수학교 활동 회원

실제 통계를 보면 지회마다 책읽어주기 활동가 수는 점점 줄어들고 있고, 그에 비해 활동 기관의 수는 크게 변동이 없다고 앞서 말했다. 이것은 활동가 한 명이 감당해야 하는 기관이 여러 곳이거나 횟수가 많아졌기 때문이다. 책읽어주기에 대한 활동가 개인의 피로도가 쌓이고 있다는 의미이다.

좋은 점

그렇다면 이런 저런 힘든 점이 있음에도 불구하고 책읽어주기 활동을 계속하게 하는 힘은 어디에서 오는 것일까. 2018년 정책연수 설문조사에서 책읽어주기 활동이 좋은 이유를 물었다. 회원들은 소통과 교감(30명), 아이들의 반응(28명), 나의 성장(10명), 좋은 책 알리기(6명), 책읽어주기의 즐거움(5명), 기타(5명) 등을 좋은 점으로 응답하였다. 2019년 설문조사와 지회 자료를 참고하여 회원들이 책읽어주기 활동을 좋아하는 이유를 정리해 보았다. 그 이유는 크게 3가지로 모아졌다. 듣는 이들과 만나 소통하는 것이 좋다는 것과 책을 함께 읽는 것이 좋다, 그리고 책을 읽어주는 나 자신이 좋다는 의견이다.

- 듣는 이들과 즐겁게 소통할 수 있다

아이들이 책에 빠져들어 호응해 주고 재미있게 듣고 즐거워한다. 듣고 돌아서서 나갈 때 '아! 정말 재미있다' 라고 이야기한다. 여러 번 읽어달라고도 한다. 매번 고마워하고 행복해하고 책으로 맘껏 웃게 해주어 고맙다고 한다. 내가 이 아이들에게 중요한 선물을 하고 있다는 느낌이 든다. 힘들고 지칠 때도 많았지만 해맑게 웃어주는 아이들이 있어 행복하다. 이런 응답들은 듣는 이와 책읽기를 통해 상호작용한 결과라 할 수 있다.

제대로 보지도 듣지도 관심도 주지 않던 아이들이 매주 꾸준히 오는 나를 기억하고 이제는 1층 계단 입구에 나와서 기다렸다가 인사도 먼저 건네고 내 자리를 챙겨 주면서 서로 가까이 앉겠다고 자리다툼까지 한다.

- C지역아동센터 활동 회원

방학을 보내고 다시 책을 읽으러 가면 반가워서 두 손을 맞잡고 폴짝폴짝 뛴다. 보고 싶었다면서 얼른 책을 읽어달라면서. 너무나 사랑스러운 얼굴들이다.

- B특수학교 활동 회원

회원들은 듣는 이들이 즐거워할 때 보람을 느낀다. 읽어주는 책을 함께 읽고 즐겁다고 반응하는 아이들이 있어 책읽어주기를 계속하게 된다는 것이다. 책읽기가 힘들거나 책을 싫어했던 이들이 즐겁게 듣는 것을 넘어 서로 교감하고 책 읽는 즐거움이 쌓여 아이들이 변화할 때 활동가가 느끼는 즐거움은 훨씬 더 커진다.

센터 친구들과는 더 특별하고 즐거운 경험을 하고 있다. 책과 정말 친하지 않은 아이들이었는데 그 친구들이 그림책의 제목을 하나씩 기억하고, 작가를 조금씩 알아가고, 학교도서관을 찾아서 읽어준 책들을 발견하고는 반가워하고, 그 작가의 다른 책들이 바로 옆에 꽂혀있다는 사실을 알게 되고, 처음으로 대출이란 것을 해 보고… 책과 관련된 아이들의 이런 경험을 지켜보는 일이 기쁘다.

- D지역아동센터 활동 회원

아이들과 나누는 교감이 행복하고 공감할 수 있어서 좋다. 좋아하는 책을 공유하고 아이들의 반응을 함께 읽을 수 있어서 좋다. 장애아 교실에서 반응이 없던 학생이 『엄마까투리』를 읽어 주는데 그림을 보면서 눈물을 글썽거리던 모습을 잊을 수가 없다. 책 읽는 것이 제일 싫다고 하던 아이가 꾸준히 읽어주다 보니 어느새 읽어주는 책이 재미있다면서 가까이 다가올 때 흐뭇하다. 오랜만에 만나서 '그때 그 책이 기억나요' 하는 친구도 생각이 난다. 이런 이유들은 책을 통한 교감이 주는 즐거움을 대변하는 응답이다. 아이들과 소통과 교감은 힘든 점으로도 꼽히지만 좋은 점으로도 1순위다. 좋은 것도 힘든 것도 사람에게서 오는 것이다.

- 책을 함께 봐서 좋다

다양하고 좋은 책을 읽어주고 소개하는 것이 좋다. 책을 같이 보게 되고 고민하게 만들어줘서 좋다. 책의 재미를 새롭게 보게 되었다. 함께하는 시간이 즐겁고 아이들이 좋아하는 책에 대해 알게 된다. 이런 응답들은 듣는 아이들의 즐거움이기보다 활동가 자신이 느끼는 즐거움이다. 내가 재미있게 읽은 책을 다른 이와 공유하는 것 자체가 즐겁다.

그뿐만 아니라 함께 책을 읽다 보면 듣는 이들이 내놓는 생각이나 느낌이 읽어주는 이와 다를 때가 있다. 이럴 때 활동가는 또 다른 종류의 즐거움을 느낀다. 혼자 읽는 책과 함께 읽는 책이 다르다는 것을 경험으로 익히 알고 있는 회원들은 평소 함께 읽는 어른이 아닌 다른 이들과 함께 읽는 책읽어주기 활동을 통해 색다른 의미와 해석을 듣게 된다. 이런 점에 대해 회원들은 이렇게 응답했다.

그림책을 풍부하게 나눌 수 있고 자세히 보게 된다. 아이들의 시선이 신선하다. 재미있게 들어주는 아이들 때문에 그림책을 고르는 일이 즐겁다. 그림책에 대한 아이들의 반응이 나와 다를 때 더 재미를 느낀다. 내가 찾지 못한 다양한 해석을 해주는 아이들 때문에 그림책을 더 자세히 보게 된다. 중3 아이가 "그림책은 아이들만 읽는 건 줄 알았는데 우리가 봐도 재미있다는 걸 알았어요." 한다.

- 읽어주는 내가 행복하다

앞에서 언급한 책읽어주기의 즐거움은 그 자체로 즐거움과 보람을 주기도 하고 어린이도서연구회 활동을 하는 동력이 되기도 한다. 책을 읽어줄 때 보여주는 여러 반응이나 툭 터져 나오는 말들이 나를 즐겁게 한다. 책읽어주기를 매주 할 때마다 읽어 줄 책에 대한 고민이 아주 많지만 책읽어주기를 하고 나면 마음이 즐겁고 행복하게 웃는다. 책읽어주기 활동 자체에 대한 보람이 있다. 듣는 사람의 느낌도 중요하지만 읽어주는 입장에서 보람을 느낄 때 좋다. 활동이 힘들 때도 책읽어주기를 통해 힘을 얻는다.

기타 의견으로 아이들이 도서관을 찾는 모습을 볼 때 좋다, 우리 회를 알릴 수 있어서 좋다, 시간이 지나도 날 알아보는 친구가 있어서 좋다, 나 자신을 돌아보게 되어 좋다, 끝내고 나면 다 좋다 등의 의견이 있었다.

회원들은 설문조사에서 많은 이유를 들어 책읽어주기 활동의 좋은 점을 말했다. 하지만 활동을 지속적으로 할 수 있는 힘은 단지 좋은 점들 때문만은 아니다. 처음 활동을 시작하게 된 계기였던 어린이도서연구회 회원으로서 책임감과 의무감을 가지고 힘이 들지만 당연히 하는 활동이라고 생각하는 이유도 있다.

03
읽어준 책

많이 읽어준 책

2004년부터 2018년까지 742명의 회원들이 559곳의 활동 기관에서 대략 18,212종의 책을 읽어주었다. 목록을 정리해 본 결과 먼저 많이 읽어준 책은 주로 옛이야기 그림책이었으며 작가는 권정생 작가 그림책 비중이 크다는 것을 알 수 있다.

전체적으로 가장 많이 읽어주었던 그림책 상위 5권은 『줄줄이 꿴 호랑이』, 『그건 내 조끼야』, 『팥이 영감과 우르르 산토끼』, 『똥벼락』, 『여우누이』였다. 『그건 내 조끼야』는 창작 그림책이고, 『똥벼락』은 창작옛이야기 장르에 속하는 그림책이다. 나머지 3권은 모두 우리나라 옛이야기를 그림책으로 출간한 작품들이다. 5권을 읽고 남긴 활동

후기를 보면 다음과 같다.

　지난 시간에 똥이 나오는 그림책에 대해 얘기했었다. 내가 『줄줄이
꿴 호랑이』도 있는데 … 했는데 아는 친구가 없었다. 그래서 다음 시간
에 가지고 와 읽어주기로 애들과 약속을 했었다. 구덩이에 똥을 붓고 참
깨를 뿌리고 참깨가 자라고 자라고… 자라서… 커다란 나무에 참깨가
주렁주렁 열린 그림을 보고 애들은 감탄한다. 도대체 무슨 일이 생길
까? 한참 기대하고 듣던 아이들이 참기름에 절인 강아지가 꿀꺽… 쏙…
꿀꺽… 쏙… 하는 부분에서 박장대소했다. 얼마나 재미있게 듣는지 읽
는 내내 숨소리도 안 들렸다. 무지무지 더운 날씨였는데….
　　　　- 『줄줄이 꿴 호랑이』를 읽고 〈2007. 8. 1. 지역아동센터에서〉

　'아이들이 짧고 리듬감 있는 책을 참 좋아하는구나' 라는 느낌을 많이
받았습니다. 짧으면서 반복의 재미도 있고 생쥐의 작은 조끼가 큰 동물
친구들이 입으면서 늘어나는 장면에서는 아이들이 웃음을 참지 못했어
요. 유머가 많은 책이라는 생각이 드네요. 말이 절제가 잘 되어 있어서
아이들이 충분히 상상의 공간을 많이 확보할 수 있는 좋은 책인 것 같
아서 읽어주는 제가 더 많이 흡족했어요.
　　　　- 『그건 내 조끼야』를 읽고 〈2005. 7. 17. 특수학교에서〉

　팥이 영감이 죽은 체하는 장면--아이들이 까르르 웃어대니 옆에서

공부하던 학생들과 선생님까지 모두 시선집중이다. 토끼들이 잡혀 솥 안에 갇혀있는 장면, 막내 토끼가 팥이 영감에게 다리를 잡힌 장면에서 아이들은 자신의 일인 양 안타까워하며 도망가라고 외친다. 그림이 예쁘고 이야기가 너무 재밌다고 한다.

　　　- 『팥이 영감과 우르르 산토끼』를 읽고 〈2016. 10. 20. 사회복지관에서〉

제목을 읽으니 ○○이 "아이 냄새~"하며 코를 잡는다. 거름을 만들기 위해 귀하게 똥을 대접했으니 농사가 잘될 수밖에. 날아가는 똥을 보며 코를 잡는 친구들. ○○가 자신의 얼굴을 꽃받침처럼 만들어 생긋 웃으며 "△△이 사랑해." 한다. 그 모습이 참 사랑스럽다.

　　　- 『똥벼락』을 읽고 〈2017. 6. 30. 장애인복지관에서〉

여우누이를 보았습니다. **는 뭔가 무서운 느낌이 든다고 하고, 남자인 ○○는 여우가 오히려 귀엽게 보인다고 해요. 책을 읽는 도중에 **는 무섭다고 ○○ 오빠 뒤에 숨기도 했는데, 그러면서도 집중을 해서 열심히 들어요. 다 보고는 다음부턴 무서운 책은 가지고 오지 말라고 합니다.

　　　- 『여우누이』를 읽고 〈2017. 4. 10. 지역아동센터에서〉

많이 읽은 책의 작가

가장 많이 읽어 준 책 작가는 권정생 작가로 작품은 『강아지똥』, 『엄마 까투리』, 『황소 아저씨』, 『훨훨 간다』로 4권이다.

책읽어주기 활동 초기에는 외국 창작그림책을 많이 읽어주었으나 2010년을 전후로 다양한 우리나라 창작그림책을 읽어주었다. 장르도 그전까지 읽어주었던 우리나라 그림책은 옛이야기를 바탕에 둔 작품이 많았으나 2010년 전후로는 새로운 이야기로 확장되면서 창작그림책 목록 비율이 높아지고 책도 다양해졌다.

백희나 작가의 경우 『구름빵』을 시작으로 『장수탕 선녀님』, 『삐약이 엄마』, 『이상한 엄마』, 그리고 최근작인 『알사탕』까지 작가의 대부분 작품들이 목록에서 높은 비중을 차지했다. 이혜란, 이영경, 김병하, 서현, 박연철, 안녕달 등 작가들의 작품이 꾸준하게 목록으로 선택되었다.

과학지식그림책 증가

다양하고 재미있는 지식그림책의 출간이 많아지면서 사회, 과학, 예술, 역사 등의 다양한 지식그림책들을 꾸준히 읽어주었다. 특히 2009년 대구경북지부에 과학 목록위원회가 구성된 후 과학지식그림책의 책읽어주기 목록 비율이 꾸준히 증가하였다. 그중 많이 읽어준 과학지식그림책은 『선인장 호텔』, 『우리 몸의 구멍』, 『개구리가 알을 낳았어』, 『통일의 싹이 자라는 숲』, 『우리 몸의 털털털』순이다.

선택 기준

읽어줄 책을 선정하는 일은 많은 활동가들이 힘든 점으로 꼽은 항목이다. 따라서 책을 선정하는 기준은 무엇인지 역시 중요한 부분이 아닐 수 없다. 2019년 책읽어주기 활동가 설문조사 결과를 종합해 보면 우리 회원들이 읽어 줄 책을 선택하는 가장 큰 기준은 '어린이도서연구회 추천도서 목록인가' 하는 점이다. 첫 번째 선택 기준으로 꼽은 비중도 컸지만 전체적인 답변에서 가장 크게 고려하는 기준으로 생각하였다. 다음으로 '내가 좋아하는 책인가'와 '글의 분량과 그림스타일'이 중요한 것으로 나타났다.

제시된 5개의 기준 외에 기타 의견도 다양하였다. 기타 의견에서 가장 많은 부분을 차지한 것은 읽어주는 대상인 아이들에 대한 부분이었다. 아이들의 반응과 읽어주었던 아이들의 추천, 듣는 아이들의 수준에 맞는 책, 함께 읽으면서 소통할 수 있는 부분을 고려하였다는 의견 등이다. 다양한 활동 기관에서 진행함으로 그 기관의 성격에 맞는 책 선정 또한 중요한 선택 기준이었다.

회원들이 중요하게 생각하는 선택 기준 순위는 다음과 같다.

읽어주는 책 선택 기준

순번	선택기준	응답자수					
		1순위	2순위	3순위	4순위	5순위	기타
1	우리 회 목록인가	41	9	11	7	4	
2	창작, 시, 옛이야기 등 장르 배분	5	8	18	17	18	3
3	한국/외국, 동/서양 등 책의 국적	1	2	6	25	27	3
4	글 분량 또는 그림 스타일	7	25	19	13	3	1
5	내가 좋아하는 책인가	10	21	14	6	12	5
기타	- 아이들의 반응이 좋았고 좋아하는가 (소통의 수단) - 내용의 참신성과 교육성 - 장애에 대한 내용은 조금 배제했는 것 - 신간 목록, 소개된 꾸러미 (책의 출판 시기) - 계절 등에 맞는 책인가 (각 달마다 주제별 책)						

읽어주기 좋은 책 선정

2019년 책읽어주기 활동가 설문조사에서는 읽어주기 좋은 책에 대해 물었다. 9개 지회 73명 활동가가 응답하였다.

가장 많은 회원들이 선택한 책은 백희나 작가의 『장수탕 선녀님』이다. 다음 순위 역시 백희나 작가 작품인 『알사탕』이며, 『깜빡깜빡 도깨비』가 다음을 잇고 있다.

읽어주기 좋은 책 목록에는 회원들이 가장 많이 읽어 준 책 상위 5권에 들었던 작품이 4권이나 들어 있다. 이는 예전부터 지금까지 많이 읽어주었고 또 읽어주기에도 좋다고 평가하고 있다는 의미이다. 『줄줄이 꿴 호랑이』, 『그건 내 조끼야』, 『똥벼락』, 『여우 누이』가 그것이다.

읽어주기 좋은 책으로는 옛이야기 그림책, 우리 창작그림책, 외국 창작그림책, 시 그림책, 지식그림책 순으로 옛이야기 선호도가 가장 높다. 2013년에도 읽어주기 좋은 책에 대한 설문조사가 있었다. 2013년과 2019년 설문 결과 차이점을 살펴보면 외국 창작그림책 비율이 43%에서 11%로 낮아지고, 시그림책과 지식그림책이 각각 7% 증가하였다. 이밖에도 옛이야기 그림책이 26%에서 41%로, 우리창작 그림책이 31%에서 34%로 성장했다. 이는 우리나라 창작그림책이 다양하게 출간되고 있다는 것과 회원들의 책읽어주기 책 목록이 다양해지고 있음을 보여준다.

연도별 목록과 선정된 책 차이

2004년부터 2018년까지의 연도별 읽어준 책 목록과 2019년 설문조사를 통해 선정된 읽어주기 좋은 책 목록 26권을 비교해 보았다. 연도별 목록에서 높은 비중을 보였던 옛이야기 그림책이 선정 목록에서도 가장 높은 선호도를 보였다. 연도별로 많이 읽어준 책 상위 25권과 선정 목록 26권에 공통으로 들어간 책은 총 13권이다. 절반 정도가 겹치는 것이다. 선정된 책 중 근래에 출간된 『알사탕』과 『고구마구마』를 제외한 나머지 책들은 여러 해에 걸쳐 꾸준히 많이 읽어준 책이라는 의미이다. 그 13권은 『그건 내 조끼야』, 『깜빡깜빡 도깨비』, 『김수한무 거북이와 두루미 삼천갑자 동방삭』, 『눈물바다』, 『똥벼락』, 『방귀쟁이 며느리』, 『엄마 까투리』, 『여우 누이』, 『장수탕 선녀님』, 『저승사자에게 잡혀간 호랑이』, 『줄줄이 꿴 호랑이』, 『팥이 영감과 우르르 산토끼』, 『훨훨 간다』이다. 여기서도 옛이야기의 선호도가 뚜렷하게 보인다.

다만, 2013년에 각 지회에서 선정한 읽어주기 좋은 책과 2019년 읽어주기 좋은 책의 목록에는 변화가 있었다. 2013년에 읽어주기 좋은 책으로 선정된 상위 19권 중 2019년 목록에도 공통으로 들어간 책은 『훨훨 간다』한 권뿐이다. 2013년 읽어주기 좋은 책 조사에서 선정된 목록은 2013년 전후로 많이 읽어준 책들로 구성되어 있다는 특징이 있다. 2013년 읽어 준 목록 중 『도깨비를 빨아버린 우리 엄마』, 『강아지똥』, 『돼지책』, 『훨훨 간다』는 2013년 전후로 많이 읽어준 책이다.

읽어준 책 5년 단위 비교

2004년부터 2018년까지 연도별 읽어준 목록을 5년 단위로 나누어 비교해 보았다. 2004~08년, 2009~13년, 2014~18년으로 나누어 읽어준 목록을 나눠보면 옛이야기 그림책과 우리나라 창작그림책이 80%~90% 비율을 차지한다. 우리나라 창작그림책의 경우 비율이 꾸준히 높기는 하지만 2010년 전후로 옛이야기 그림책에서 창작 이야기 그림책으로 바뀌고 있음을 알 수 있었다.

외국 창작그림책의 경우 읽어준 목록에 종수가 적은 것은 다양한 그림책을 읽어주기 때문에 많이 읽어준 횟수로 보면 포함되는 종수가 적을 수밖에 없다. 이는 반대로 생각하면 그만큼 우리나라 창작그림책이 다양하게 읽히지 않고 적은 종수가 여러 번 읽히고 있다는 의미이기도 하다.

기관별 목록 특성

2018년 대구경북지부 정책연수를 위한 설문조사 중 책읽어주기 활동가들이 가장 힘든 점으로 꼽은 것이 책 선정이었다. 활동가마다 활동 기관이 다르고 기관마다 책 읽어줄 대상이 달라지니 목록 선정에 어려움이 있다는 것이다. 따라서 각 기관에 맞는 책읽어주기 목록 선정과 지회별 목록 공유가 필요하다는 요구가 있다. 우선 기관별 선정 및 배제 기준은 조금씩 차이는 있었지만 활동 기관의 특성을 고려하여 반영하는 공통 기준을 보면 다음과 같다.

기관 유형별 도서 선정과 배제 기준

		선정 및 배제 기준
학교		- 교실 책읽어주기에 적합한 큰 그림의 책 - 활동이 대부분 아침이므로 웃으면서 하루를 시작할 수 있는 책 - 저학년들은 상반기에는 글 분량을 고려
도서관		- 어린이도서연구회 추천 목록을 기준 - 공공 도서관의 경우 전체회원이 읽어줌에 따라 공통의 책읽어주기 목록을 선정
병원		- 노인병동 : 옛이야기, 긴 내용의 이야기보다 짧은 글의 이야기 - 아동병동 : 밝은 책, 재미있는 책
사회복지기관	아동센터	- 주변에서 경험하기 쉬운 이야기 - 읽어주었을 때 반응이 좋았던 목록으로 선정 - 반응과 호응을 유도할 수 있는 책 - 직접적 교훈을 전달하는 책이나 글이 많은 책은 배제
	다문화	- 가정에서 아이들과 함께할 수 있는 책 - 유아그림책(단어 위주)이나 글밥이 적은 책 - 우리 이야기보다 그들 나라의 이야기가 실린 책
	노인	- 어르신들이 공감할 수 있는 내용의 책 - 옛이야기 그림책이나 그분들의 젊은 시절을 추억할 수 있는 우리 창작
	장애	- 장애에 대한 내용은 배제 - 긴 글을 읽어주면 집중하기 힘들어 글의 양이 적당한지가 기준이 됨 - 단순한 구성이면서 하나의 흐름을 이야기하는 책

04
책 읽어주는 문화 형성을 위한 활동

책읽어주기 강의

회원들이 직접 책을 읽어주는 활동 외에 책읽어주기 문화를 형성하기 위한 활동도 있다. 대구경북지부강사들이 진행하는 책읽어주기 강의, 지회에서 각 학교 책읽어주기 학부모를 지원하는 간담회, 책읽어주기 청소년 활동가를 양성하는 교육 등이 그것이다.

책읽어주기 활동 연차가 많아지면서 활동가들의 축적된 경험은 여러 기관으로 책읽어주기 강의를 나가는 토대가 되었다. 강사들의 활동 경험은 듣는 이로 하여 감흥을 일으켜 교사나 학부모들로 하여금 책읽어주기에 대한 이해를 높이고 직접 해보도록 하는 데 영향을 주었다. 대구경북지부 강사들의 책읽어주기 강의는 처음에는 지회 회원을 대상으로 하다가 2010년부터는 차츰 외부 기관으로도 강의를 나가기 시작했다. 외부 기관에서 실시한 책읽어주기 강의 기관 수를 보면 2008년과 2009년에는 각 1곳이던 것이 2010년에는 6곳, 2011년 5곳, 2012년 4곳으로 변화가 있었다.

2013년부터는 경북교육청 학교독서문화 지원사업으로 도내 시군의 초등학교에서 실시하였다. 도교육청 지원사업으로 각 학교에서는 진행할 단체나 개인을 물색하였고 몇몇 학교에서 어린이도서연구회로 강의 의뢰를 하였다. 차츰 교사들 사이에 알려지면서 2013년 86회, 2014년 72회, 2015년 59회, 2016년 51회, 2017년 81회, 2018년 69회 책읽어주기 강의를 진행했다. 총 418회 초등학교 학부모와 교사를 대상으로 실시하였다. 전체 강의 중 책읽어주기 강의는 2013년부터 2018년까지 꾸준히 이어졌으며 경북도내 23개 시·군 중 울릉도를 제외한 22개 시·군 초등학교에서 신청하였다.

이 기간 동안 경북도내 초등학교 외의 기관에서 진행한 책읽어주기 강의 213건까지 포함하면 총 631건이다. 대구경북 지역 도서관이나 대구지역 초등학교, 유치원 등에서 진행한 강의다.

이러한 대구경북지부 강사들의 책읽어주기 강의는 활동가가 아이들에게 책 읽어주는 즐거움을 나누는 활동에서 더 나아가 아이들과 직접 만나고 생활하는 부모님과 교사들을 대상으로 그 즐거움을 나누고 의미를 전달하는 데 있어 큰 역할을 하였다. 회에서 실시하는 책읽어주기 활동을 어린이도서연구회 안에서만 그치는 것이 아니라, 좋은 책을 읽고 그 좋은 책을 전달하고 함께 나누고, 책 읽어주는 즐거움을 어른들인 부모와 교사들에게 전달하는 것이다. 어른들이 책읽어주기 활동의 중요성과 그 의미를 인식하는 데 중요한 역할을 했다고 볼 수 있다.

책읽어주기 문화 확산

- 책읽어주기 학부모 간담회

처음 나도 하고 싶다는 열정 하나로 시작한 책읽어주기 활동은 좋은 책을 읽어주고 싶다는 마음과 내 아이뿐만 아니라 많은 아이들이 좋은 책을 봤으면 좋겠다는 선의로 확장되면서 많은 학부모들이 하나둘 마음을 내기 시작하였고, 그렇게 뜻을 함께한 부모님들이 삼삼오오 모이기 시작하였다. 그렇게 모인 학부모들은 마음은 있었지만 어떻게 시작을 해야 하고, 어떤 책을 어떻게 읽어주어야 하는지 막연하게만 생각되었기에 시작을 도와줄 곳이 필요했다.

어린이도서연구회 회원들은 이미 2004년부터 책읽어주기 활동 경험이 있었고 그 활동의 경험을 모아 학부모들에게 책읽어주기에 대한 간담회를 실시하여 도움을 주기 시작했다. 주로 유치원이나 초등학교에서 간담회를 지원하기 시작했고 시간은 대부분 1시간에서 2시간 정도 진행하였다. 책읽어주기를 하는 이유와 책읽어주기 전에 준비해야 하는 것들에 대해 알려주며 책읽어주기 실제 경험을 들려주면서 어떻게 읽어주는지 시연도 해주었다. 또한 책을 선정하는 방법과 목록을 짜는 방법 등에 대해서 안내하며 목록 선정할 때 고려하면 좋은 점에 대해서도 안내해 주었다.

각 지회별로 실시한 학부모 간담회 횟수는 대구지회가 61건으로 가장 많고 다음이 포항지회로 32건이다. 이 밖에도 구미 11건, 영천 6건, 문경과 경산이 각 2건이다.

연도별로 보면 2011년부터 2015년까지 가장 왕성하게 진행하였음을 알 수 있다. 지회별 책읽어주기 활동기관 수나 활동가 수가 줄어드는 시점과 같다. 이는 책읽어주기 학부모 간담회와 같은 대외활동 역시 내부 활동이 왕성할 때 가능하다는 것을 보여주는 예가 될 수 있다.

이러한 학부모 간담회 지원은 마음은 있으나 시작의 어려움이 있던 학부모들에게 많은 도움이 되었다는 것을 2013년 경북지부 책읽어주기 활동가 연수자료집 포항지회의 사례에서 확인할 수 있다. 전체 응답자 134명 중 78명이 매우 도움이 되었다고 하였으며 52명이 도움이 되었다고 답하였다.

도움이 된 내용은 ① 책은 아이들과의 소통, 추억, 이해, ② 읽어주기의 중요성, 읽어주기의 편견 깨기, ③ 좋은 책 소개하고 읽어주신 것, ④ 책 읽어주는 방법을 알게 되었다, ⑤ 강사의 진솔한 경험, 활동 모습이 좋았다는 답변으로 크게 나누어 볼 수 있다.

이렇게 책읽어주기 문화 형성을 위해 각 지회가 실시하고 있는 학부모 간담회는 더 많은 기관에서 학부모들이 직접 책읽어주기를 할 수 있도록 동기를 부여하고 도움을 주는 마중물 역할을 한다는 데 의의가 있다. 이는 더 많은 곳의 아이들이 좋은 책을 함께 나눌 수 있는 책읽어주기를 통한 문화평등 실천의 하나라 할 수 있다.

- 청소년 활동가 양성과 지원

구미지회와 포항지회는 학부모뿐만 아니라 청소년 책읽어주기 활동가를 양성하고 지원하는 활동도 하였다. 구미지회의 경우 2011년 4월 대표와 회원들이 청소년 책읽어주기 봉사단을 계획하고 준비하여 구미시 자원봉사센터 우수프로그램에 응모하면서 진행하게 되었다. 홍보를 통하여 구미시 내 중·고등학생을 대상으로 청소년 책읽어주기 활동가를 모집한 뒤 5차시 교육을 통하여 1기 청소년 활동가 50명을 양성하였다. 이들은 구미시립중앙도서관과 봉곡도서관에서 매주 토요일 3시부터 3시 30분까지 어린이자료실을 찾는 아이들에게 그림책을 읽어주었다. 이 활동은 2012년 2기, 2013년 3기로 이어져 2014년 12월까지 활동했다. 2014년에 4기 모집을 홍보하였으나 아쉽게도 신청인원이 없어 더 이상 이어지지는 못했다.

하지만 구미시 건강가정지원센터에서 운영하는 모두어린이도서관에서 자체적으로 책읽어주기 청소년 활동가를 양성하고 싶다고 교육 의뢰가 들어와 청소년들에게 교육을 진행하기도 하였다. 학교에서 직접 연락이 오기도 했다. 구미 현일고등학교에서 그림책과 책읽어주기 활동을 하고자 해서 8차시 교육을 한 뒤 구미시립 봉곡도서관 책읽어주기 활동으로 연계하였으며, 진평중학교 방과 후 교실에서도 교육을 하여 그림책읽어주기를 하였다.

포항지회의 경우 2012년 대동중학교 2~3학년을 대상으로 6회 교육을 하였으며, 다음에 포항지역 중학생 20명을 선착순으로 지원받아 4회 교육을 진행한 뒤 책읽어주기 활동을 지원하였다. 청소년 활동가 양성과 지원은 청소년에게 좋은 책을 읽을 수 있는 기회를 제공하고 책 읽어주는 활동을 해 볼 수 있는 경험을 제공하는 의미가 있다.

지금까지 봉사활동과 달랐다. 다른 봉사는 시간을 얻기 위해 양적으로 승부했다면, 책읽어주기 활동은 질적으로 의미 있는 활동인 것 같다
- 구미 현일고 학생의 책읽어주기 마무리 소감 중

책읽어
주기

활동

의의

01
책읽어주기 활동이 활동가 개인에 미치는 영향

책읽어주기 활동이 활동가 개인에게 미치는 영향에는 무엇이 있는지 활동가들에게 설문을 했다. 그 결과를 개인 삶의 자세에 대한 변화, 아이들을 보는 눈에 대한 변화, 책을 고르는 안목 변화, 독서에 대한 인식 변화로 나누어 보았다.

내 삶의 자세

활동가 개인 삶의 자세에 대한 변화는 내가 재미있고 행복해졌다, 자신감 등 많은 것을 배웠다, 일상생활의 하나가 되었다는 의견으로 모아졌다. 설문 결과를 세 부분으로 나누어 보면 다음과 같다.

- 내가 재미있고 행복해졌다

아이들과 소통하는 즐거움이 나를 행복하게 한다. 처음에 시작할 때는 힘들었고 두려운 마음이 컸지만 정말 재미있고 즐거운 활동이라는 것을 느끼게 되었다. 아이들과 재미와 감동을 공유하는 것이 재미있고, 책을 읽어주면서 아이들과 책의 재미를 함께 찾을 때 너무 즐겁다. 책을 읽어주었을 때 듣는 사람의 기쁨이 전해올 때 행복하다. 다른 사람에게 행복을 주니 나도 절로 행복해지는 느낌이 든다. 즐거워하는 아이들에게서 겸손함을 배우고 잘 들어줘서 고맙다. 책의 재미를 조금이라도 알렸다는 생각에 뿌듯하다. 책읽어주기 하러 갈 때는 귀찮은 마음도 있는데 읽고 나오면 뿌듯하다. 이 사회의 구성원으로서 이웃과 함께 나누며 살아간다는 뿌듯함을 가지게 된다. 회원으로서 의무감과 자발적인 활동의 반반으로 시작했지만 횟수가 거듭될수록 반짝이는 눈망울로 기다리는 아이들을 보면서 성취감과 보람을 느끼고 뿌듯하다. 아이들과의 약속은 꼭 지켜야 한다는 책임감, 잘하고 싶다는 의지, 잘하고 나왔을 때의 만족감 등으로 행복하다. 이렇듯 회원들은 책읽어주기를 통해 즐겁고 행복해졌다고 답했다.

- 자신감, 보람, 자부심 등 많은 것을 얻고 배웠다

책 읽어주는 일이 다수의 낯선 사람들 앞에 나서게 되는 일이다 보니 자신감이 생겼다는 회원들이 많았다. 지속적으로 책을 읽어주던 회원이 '책읽어주기 활동이 쉬워지고 목소리가 커지고 자신감 있어지고 말을 잘한다는 말을 듣게 되었어요.' 라고 한다. 많은 사람들 앞에서 자신 있게 이야기할 수 있게 되었고, 자긍심이 생겼다. 자아실현의 욕구가 채워져서 자존감이 올라간다. '오늘은 무슨 책이에요? 읽어주는 책을 궁금해 하는 아이들의 눈동자를 보며 내 자신이 힘을 얻었다.

아이들과 다양한 생각과 상상을 서로 주고받으면서 아이들에게 책을 보다 더 친근하게 느낄 수 있게 해주었다는 점에 보람을 느낀다. 아침 시간을 좀 더 알차게 쓴다는 개인적인 보람이 있다. 회 활동을 착실히 하고 있다는 자부심이 있다. 아이와 남편에게 보이는 부지런한 내 모습에 대한 긍지가 있다. 보람을 느끼고 마음의 수양이 쌓인 것 같다. 정확히 무엇이 바뀌었다고 말하기는 어렵지만 마음을 여는 것도 배우고 나를 낮출 줄도 알게 되었다. 책임감과 사회성이 길러졌다. 내가 가진 재능을 나눠주러 갔다가 오히려 더 많은 것을 얻고 오는 계기가 된다.

책을 소개해 주고 알려주려고 하는 내가 멋지다고 생각하면서 시작했다, 그런데 읽어주는 것을 듣는 아이들의 모습과 재미없어도 참아주고 자신의 생각을 이야기해 주는 아이들의 모습에서 내 모습보다는 아이들의 모습이 더 멋지다고 느껴지고 나 자신이 조금씩 부끄럽게도 느껴졌다. 그리고 내가 어른의 생각과 눈으로 책을 보고 있다는 것도 알게 되면서 나에게도 변화가 생기기 시작한 것 같다.　　　－ 회원 ○○○

회원들은 책읽어주기 활동을 통해 자신감을 얻었고, 보람을 느끼며 자부심도 느낀다고 했다. 다양한 사람들과 만나 다양한 책을 읽으며 소통하면서 얻게 되는 이득이다.

- 일상생활의 하나로 활동하고 생각하고 고민한다

책읽어주기는 내 삶의 일부, 일상의 하나로 자리 잡고 있다. 생활이 더 많이 바빠졌다. 심리적인 부담감이 있다. 전달방법에서 고민이 생긴다. 할수록 부담도 더 생긴다. 아이들과 눈높이를 어떻게 하면 맞출 수 있을지 고민하게 되었다. 삶의 의미도 조금 이해하게 되었다. 책읽어주기 기관인 지역아동센터에 관심을 갖게 되었다.

더 바빠지고 부담도 생겼지만 책읽어주기가 일상생활 중 하나로 여겨지며 기관에 대한 관심도 가지게 되었다는 평이다.

이 외에 자신에게 큰 변화가 아직 없다는 의견도 한두 명 있었다. 그렇지만 대체로 책읽어주기 활동이 활동가 개인에게 긍정적인 삶의 에너지를 가지게 하는 역할을 한다는 의견이다.

아이들을 보는 눈

회원들은 아이들과 함께 책을 읽으며 공감하다 보니 아이들을 보는 눈높이가 달라졌다고 답했다. 이에 대한 회원들의 생각을 살펴보면 다음과 같다.

- 책으로 아이들과 공감한다

아이들과 책을 매개로 소통하고 공감하게 된다. 어떤 얘기를 나눌까 고민하면서 깊이 있는 책읽기를 경험한다. 소리 내어 읽었을 때의 생생함과 내용 전달력이 눈으로 읽었을 때와 달라짐을 느끼고, 공감하고 즐거워하는 아이들의 모습을 보면서 보람을 느낀다. 다양한 책을 통해 아이들과 공감할 수 있는 부분을 발견하게 되었다. 듣는 아이들이 보여주는 다양한 호응과 표현들을 통해 책을 더욱 풍성하게 느낄 수 있고, 책을 하나의 시선이 아닌 다양한 시선으로 보게 만들었다. 내가 받은 느낌이나 감상이 아이들의 관점과 어떤 점에서 같고 어떤 지점이 다른지 살피는 시간이다. 아이들과의 소통에 대한 자신감이 생겼다. 억지로 아이들에게 다가가지 않아도 그림책 한 권이면 아이들과 쉽게 친해질 수 있고 눈높이를 맞춰 가며 아이들과 함께하는 나 자신을 발견한다. 어떤 책을 가져가면 재미있어하고 좋아할까 고민하게 되고, 책을 읽어주면서 아이들의 기분과 감정을 살피게 된다. 책으로 사람들과 소통하는 방법을 체득하게 되었다.

- 아이들의 눈높이에서 이해하게 되었다

아이들을 만나는 시간 자체가 의미가 있고 좋다. 처음에는 아이들의 반응에 따라 내 기분도 좋았다 나빴다 했는데 지금은 그렇지 않다. 아이들의 마음을 좀 더 이해하게 되었고, 아이들의 눈으로 바라보고 아이들에게 많은 부분을 배운다. 아이들 곁으로 한걸음 더 들어갈 수 있었고 친해지는 계기가 되었다. 아이들과 소통하는데 나의 생각보다는 아이들의 생각에 더 귀 기울일 수 있게 되었다. 아이들을 좀 더 자세하게 관찰하게 되고 독립적으로 보게 되었다. '내 아이에서 모든 아이들과 함께' 라는 생각을 하게 되었다. 발달장애, 자폐증상을 가진 아이들을 바라보는 나의 시선이 바뀌었고, 또 대하는 것도 편해졌다. 책 읽어주기가 목적에서 수단으로 바뀌고 책이 주체였다가 아이들이 점점 중심으로 오게 되었다.

책을 고르는 안목

책을 고르는 일은 힘든 점이기도 하지만 활동을 계속하면서 고민하다 보니 책을 보는 안목이 높아지게 되었다는 회원들의 의견이 많았다. 책을 고민하다 보니 우리 회 목록에도 더 관심을 가지게 되었으며 책을 선정하고 평가하는 안목이 높아졌다는 회원들이 많았다. 자세한 회원들의 이야기를 보면 다음과 같다.

읽어줄 책에 대한 고민을 한다. 어떤 책을 읽어 주면 아이들이 재미있어할까? 책읽어주기에 적당한 책을 지속적으로 살피게 된다. 책에 더 많은 관심을 갖게 되고 꼼꼼하게 살펴보게 된다. 좋은 책을 찾고자 더 많은 시간을 투자하고 있다. 아이들에게 어떤 책을 읽어주면 좋을지 생각하고 책을 고르는 시간이 많아졌다는 의견이 많다.

우리 회 목록을 좀 더 깊이 있게 살펴보게 되었다. 또 우리 회 목록뿐 아니라 어떤 그림책들이 있는지 좋은 문학 작품을 더 찾아보고, 좀 더 다양한 책은 없는지 찾는다. 아이들이 잘 볼 수 있는 동화를 생각하게 되었다. 내용 구성 재미 전달력 등등 여러 사항에서 읽어주기 좋은 책인지 자세히 살펴보게 되었다. 새로 나온 책을 챙겨보게 되고, 주제별로 묶을 수 있는지, 연결성 있게 책을 선택하려고 고민한다. 옛이야기에 대한 흥미가 커졌고, 옛이야기를 들려주는 실력이 늘었다.

재미있는 책을 발견하면 아이들에게 얼른 소개해 주고 싶다. 새로운 책을 보면 읽어주고 싶은 사람이 떠오르기도 하고, 두고두고 읽어주고 싶은 동화나 그림책은 사게 된다. 내가 재미있다고 생각하는 책과 아이들이 흥미 있어 하는 책이 다르다는 것을 알았다. 개인적으로 책을 읽어줄 때는 그림책에 한정되어 있었는데, 회에서 책읽어주기 활동을 하면서 동화, 동시집, 옛이야기, 소설 등 갈래가 다양해졌다.

독서에 대한 인식

어린이책을 독자로 즐길 수 있게 되었다. 책 읽는 즐거움과 어린이
책을 좋아하는 마음이 커졌다. 좋은 책을 많이 알게 되었다. 책을 감
상하는 또 다른 방법인 소리 내어 읽는 재미를 알게 되었다. 읽는 기
술이 없어도 좋은 책은 힘이 있다는 것을 느꼈다.

책을 보는 관점이 넓어지는 계기가 되었다. 책에 대한 관심이 커졌
고 읽어준 책이 반응이 좋으면 뿌듯하다. 책을 읽어주면서 만난 아이
들에게 많이 배운다. 내가 책을 보는 시각과 많이 다른 아이들을 보며
아이들이 재미있게 생각하는 부분과 의문을 가지는 부분을 공감하게
된다. 같은 책을 읽어도 대상에 따라 반응이 다르다. 이럴 때 나를 좀
더 객관적으로 보게 된다.

그림책에 대한 인식이 변했다는 의견도 많다. 그림책을 좀 더 아이
의 시선으로 보게 되었다. 그림책에 관심을 가지게 되었고, 많이 읽게
되었고, 그림책이 재미있어졌다. 그림책을 읽어주는 즐거움이 더 많
아지고, 내 아이가 커가도 그림책을 놓지 않을 수 있게 되었다. 그림
책에 관심을 가지게 되면서 긴 줄글 책 읽기가 싫어졌다는 의견도 있
었다.

책에 대한 안목뿐만 아니라 책을 읽는다는 것에 대한 인식도 변하
였다고 답했다. 어린이책을 온전한 독자로서 즐길 수 있게 되었으며,

책에 대한 다양한 의견을 수용할 수도 있게 되었다고 한다. 책읽어주기는 함께하는 일이다. 책읽어주기는 어린이책을 보고 느낀 것들을 혼자만 담아두는 것이 아니라 다른 이들과 나눈다는 실천적 의미가 크다. 책읽어주기가 책만 읽어주는 것이 아니라 책과 나와 아이들이 눈빛을 주고받으며 함께하는 공간임을 느꼈다. 읽어주는 내가 주체가 아니라 같이한다는 의미를 새긴다. 책읽어주기 활동은 우리 회 활동을 꾸준하게 더 의미 있게 지속적으로 할 수 있게 만드는 끈이다.

02
책읽어주기 활동이 우리 사회에 미치는 영향

아이들의 삶에서 책읽기는 여러 가지 문화 활동 중 하나이다. 그러나 책은 즐거움이 아닌 공부가 되어버린 현실에서 책읽기의 즐거움을 알려주는 것은 어른들이 해야 할 중요한 몫이 되고 있다.

좋은 책을 권하고 함께 읽는 문화를 만드는 것의 시작이 어린이도서연구회가 하고 있는 책읽어주기 활동일 것이다. 이러한 책읽어주기 활동이 우리 사회에 미치는 영향에 대해서 정리해 보았다.

지난 15년 동안 책읽어주기 활동을 한 대구경북지부 활동가들의 설문조사를 토대로 정리하였다.

지회의 변화

여러 기관에서 책읽어주기 활동을 하면서 어린이도서연구회를 알지 못했던 사람들이 우리 회의 활동에 대해 알게 되었다. 각 기관에 어린이도서연구회를 더 많이 알리게 된 것이다. 어린이도서연구회에 대한 인식이 좋아졌고 매년 발행되는 목록을 전달할 때도 당당히 지회를 알리고 목록을 전달할 수 있게 되었다. 오랜 시간이 지나다 보니 이제는 책읽어주기 활동은 우리 회의 가장 기본적인 활동으로 자리를 잡게 되었다. 오랜 시간 꾸준히 활동한 것이 우리 회에 대한 신뢰를 높이는 결과를 가져온 것이다.

기관의 변화

처음 책읽어주기 활동을 시작할 무렵에는 지회에서 기관을 찾아가 활동처를 섭외하곤 했으나 이제는 기관에서 지회로 활동을 문의하고 책읽어주기 활동을 부탁하는 요청이 들어온다. 그만큼 책읽어주기 활동의 즐거움과 필요성을 기관에서도 서서히 인지하고 있고 변화되고 있는 것이 보인다.

- 학교

학교는 활동가들의 아이가 다니면서 혼자서 책읽어주기를 시작하거나 회원들이 함께 시작하는 경우가 많았다. 그러다 경산지회와 같이 혼자서 활동을 하다 학부모들이 관심을 가지고 함께 활동을 하는 경우가 생기기도 하고 그분들이 회원으로 들어오는 긍정적인 경우도 생겼다. 또한 학교선생님들도 관심이 높아지고 아이들에게 활용할 방법을 묻기도 한다. 문경지회 활동가의 이야기를 빌리자면 초등학교 담임선생님 한 분은 스스로 읽게 하는 게 더 낫지 않겠냐는 말씀을 하시다가 나중에는 선생님께서 니무 재미있다는 말씀을 하셨단다. 그 학급은 지회 활동이 끝난 후에 선생님의 주도로 엄마들이 책을 읽어주는 자발적 활동을 진행하는 반이 되었다고 한다. 책읽어주기가 기대 이상으로 어린이들에게 긍정적인 영향을 준다고 생각하고 직접 실천하려는 의지를 보이기도 한다. 다른 독후활동 없이 책읽어주기 활동만으로도 훌륭한 수업이 된다는 것을 알게 되었다고도 한다.

- 복지관과 지역아동센터

복지관과 지역아동센터는 방과 후 돌봄 역할을 하는 기관들이다. 이곳에서 책 읽어주는 일은 독서 이상의 의미를 가진다.

지역아동센타 아이들에게는 책이 주는 여러 가지의 교훈이나 지혜를 얻는 기회도 되겠지만, 동화를 읽어주는 선생님에 대한 호감도가 매우 큰 것으로 나타나고 있습니다. 이는 동화를 듣는 것만이 아닌 가정에서 느낄 수 없는 모정까지도 느끼게 하는 선생님들의 미소와 칭찬들이 모여 아이들에게서 자신감과 희망을 만들어 낸다는 것을 알았습니다.

- E 지역아동센터 센터장

결손, 방임 아동들이 많아 누군가가 자신을 위해 책을 읽어주는 경험을 해 본 숫자가 적다 보니, 자신을 위한 것이든 센터 아이들을 위한 것이든 자신들을 위해 책을 읽어주시는 분들이 계신다는 것에 사랑받고 있다는 느낌을 받고 있으며, 책은 쉬는 시간이나 할 일이 없거나, 누군가가 읽으라고 할 때 읽는다는 과정을 지나서 이젠 자연스럽게 책에 손이 가는 것을 알 수 있습니다. 이젠 집에서도 심심하면 책을 읽는다면서 놀라워하는 어머니, 할머니도 계시고, 말의 이해력과 우리의 전통에 대해서도 책을 통해 알게 되면서 우리 것에 대한 소중함도 느끼는 것 같습니다. 책을 통하여 타인의 경험이나 생각, 환경 등을 알게 됨으로써 생각의 폭이 조금씩 넓어지고 있음에 감사합니다.

- F 지역아동센터 센터장

독서뿐만 아니라 책 읽어주는 활동가와 어린이 간의 교감이 더 중요한 역할을 한다는 센터장들의 답변이다. 이런 센터장의 생각에는 기관마다 차이가 있다. 센터장들 중에는 책읽어주기 활동을 하나의 프로그램으로 생각하는 경우도 있으니 말이다. 책을 통해 아이들이 변화한다고 고마움을 느끼는 센터장도 있고, 중요하게 생각하는 건 같지만 본인이 동참할 생각은 없는 분들도 있다. 하지만 책을 지속적으로 읽어주는 일이 아이들의 변화로 이어지면서 계속해서 프로그램을 유지하려는 의지는 보인다. 직접 읽어주는 문화로까지 확산되면 좋겠지만 아직 그렇게까지 변화하는 경우도 드물다. 기관에서 일하는 사회복지사들도 다르지 않다.

몇몇 지역아동센터의 경우 읽어준 책을 기증하여 아이들이 언제든지 볼 수 있도록 하고 있다. 꾸준히 책 읽는 즐거움을 같이 나눌 수 있도록 사회에서 지원하는 경우도 많았다. 그렇다고 해도 기관 담당자들이 책을 읽어주기보다는 어린이들이 활동가가 오지 않는 날에도 읽을 수 있도록 하는 역할을 할 뿐이다.

- 특수학교와 장애인복지관

특수학교와 장애인복지관은 기관 종류는 다르지만 대상이 장애를 가진 어린이나 청소년이라는 점에서 같다. 하지만 특수학교는 교육기관이고 장애인복지관은 복지기관이라는 점에서 다르기 때문에 기관의 변화에도 차이가 있다.

구미지회가 10년 동안 활동한 특수학교의 경우 자체적으로 도서관을 만들어 학생들이 좋은 책을 읽을 수 있도록 하였다. 선생님들은 좋은 책에 대한 기준이 생겼고 책을 고르는데 좀 신중해졌다며 책은 눈으로만 보는 것이 아니라 읽어주고 들려줄 수도 있다는 것을 알게 되었다고도 하였다. 수업을 진행하는 담임선생님이 책을 함께 듣고 수업에 활용하면 좋겠다고 관심을 가지는 경우도 있다.

이전에는 국어교과서에 의존하여 수업을 계획하고 실행하고 평가하였지만, 단편적인 언어적 지식을 계통적으로 논리적으로 일관성 있게 제공하기가 어려웠습니다. 그림책읽어주기는 이러한 국어학습의 어려움을 보충하기에 충분한 프로그램이었습니다. 또한 국어학습에만 제한되지 않고 학생들의 정서적, 인지적인 면 등 전인적 발달을 도와주는, 학습의 인격체로서의 성장에 밑거름이 되고 있습니다 …… 가장 의미 있는 일은 학생들이 앉아서 무엇엔가 집중할 수 있는 시간을 가질 수 있고, 그 시간이 나날이 조금씩 늘어난다는 점입니다. 이 말은 교사에 의한 즉, 교사주도적인 학습활동이 아니라 학생들 스스로가 무엇을 탐색하고자 하는 자발적 학습욕구가 발생되었다는 것입니다.

- 특수학교 교사

대구지회가 활동하는 장애인복지관의 경우 발달장애 청소년들을 대상으로 책읽어주기 활동을 하니 책 읽어주는 소리에 반응하고 스스로 읽어보겠다는 아이들이 있어서 좋은 반응을 보이며 꾸준히 하고 있다.

소그룹으로 이어지는 방과 후 수업에 지원을 해 주는 단체가 별로 없습니다. 장애청소년들에게 마음의 즐거움과 따뜻함을 주기 위하여 시작하게 되었습니다. 책을 읽는 동안 읽어주시는 선생님의 말에 주의집중을 하기 힘든 학생도 있지만 어떠한 시간인지 인지하고 잘 들어주는 친구도 생겼습니다. 책읽어주는 선생님의 재밌는 말과 동물 흉내 내는 소리 등 이러한 소리에 반응하고 수업에 적극 참여도 하며 서툰 발음이지만 스스로 읽어보겠다며 친구들 앞에서 동화책을 읽어보는 경우도 있습니다. 그러한 친구들은 변화도는 적지만 읽기 정도나 이해력에 조금씩 변화가 나타납니다.

- 장애인복지관 선생님

기관 유형은 다르지만 장애가 있는 아이들이 보여준 변화에 담당자들의 책읽기에 대한 생각이 달라지고 있다는 점은 같다.

- 도서관

도서관에서 책읽어주기 활동은 다른 기관과는 다르게 불특정 다수의 아이들이 매주 다르게 앉아서 책을 듣는 경우가 많다. 주말에는 아이들과 같이 온 부모님들도 함께 듣는다. 도서관은 누구나 찾을 수 있는 문화평등, 지적평등을 추구할 수 있는 공간이다. 도서관에서 하는 책읽어주기 활동은 시민에게 직접적으로 다가가는 곳이기에 사서들뿐 아니라 시민들에게도 책을 읽어줄 수 있구나 하는 즐거움을 갖게 한다.

이렇게 책읽어주기 활동은 학교, 지역아동센터, 장애복지관, 도서관 등 각 기관의 책읽어주기 문화를 확산하고 변화시키는 데 큰 역할을 했다. 큰 변화는 아닐지 모르지만 책으로 사람과 사람이 소통하는 사회를 만들어 나가는 데 일조하고 있다고 할 수 있다.

아이들의 변화

설문조사에서 책읽어주기 활동이 가져온 변화에 대한 이야기 중 가장 많은 내용은 활동가 자신의 변화였고 그다음이 아이들의 변화였다. 책의 즐거움을 현장에서 바로 느끼는 직접적인 사람이 바로 아이들이라서 그럴 것이다. 참된 독서문화를 가꾸기 위해서는 아이들에게 책을 읽어주는 것에서부터 출발해야 한다는 어린이도서연구회의 활동이 아이들에게는 어떻게 영향을 미쳤는지 살펴보면 다음과 같다.

- 책은 재미있다

먼저 책이 재미있다는 것을 아이들이 알게 된다. 책을 매개로 아이들과 만나는 횟수가 많아지면서 아이들은 점점 더 책이 재미있다는 것을 알게 된다. 단순히 그 시간을 때우겠다고 생각했던 아이들이 시간이 지남에 따라 함께 감상하고 즐길 수 있는 시간으로 바뀌었다. 혼자 읽으면 재미없고 읽기 싫어했던 아이가 읽어주니 재미있어하고 좋아하게 되었다고 말한다. 읽고 나면 혼자 보겠다며 책을 다시 보는 아이들도 생겼다. 이렇게 아이들은 책의 즐거움을 서서히 알아간다. 구미지회 활동가가 활동하는 기관의 아이들은 어른들이 읽어주는 책을 접한 일이 거의 없던 아이들이었음에도 불구하고 이제는 읽어준 책을 기억하고 작가를 기억하고 함께했던 시간을 기억할 만큼 재미있다고 느끼고 있다.

- 듣는 것에 익숙하다

책을 읽어주면 귀로 듣는 경험을 한다. 들으면서 즐거운 책읽기 경험을 한다. 그렇게 듣는 것에 점점 익숙해진다. 중·고등학생들과 함께한 청소년 책읽어주기 활동을 하면서 학생들은 처음에는 책을 읽어주고 듣는 것에 대해 상당히 어색해했다. 하지만 시간이 지나면서 점차 듣는 것에 익숙해짐을 느꼈다. 이렇듯 책읽어주기 활동은 다른 사람의 목소리를 듣는 것에 익숙해지게 한다.

- 읽어주는 사람과 친근한 관계를 맺는다

아이들은 책읽어주기를 통해 책 읽는 재미를 알게 되기도 하고 읽어주는 사람과 좋은 관계를 맺기도 한다. 지역아동센터 센터장들의 면담에서도 아이들이 활동가들과 교감을 가지고 따르게 되는 점을 중요하게 언급했다. 처음에는 그냥 듣기만 하던 아이들이 점점 자신의 이야기를 덧붙이고 중요한 변화를 읽어내기도 한다. 이런 아이들의 변화는 더디지만 반가운 일이다. 책으로 자신들의 얘기를 하기도 하고 속이야기를 풀어내고 마음의 곁을 내주는 아이들이 생겨난다. 이처럼 책읽어주기 활동은 아이들과 읽어주는 사람과의 인간적 관계를 맺어준다. 아이들은 책읽기 시간을 기다리기도 한다. 활동가가 오면 반갑게 맞아주고 눈을 맞추어준다. 책을 읽어줄 때 전혀 반응하지 않던 친구가 반응을 하며 반겨준다. 재미없어하고 안 듣던 아이들도 옆으로 와서 듣고, 길에서 만나면 '책 읽어주는 선생님이다' 라며 반겨주고 인사도 해 준다. 이처럼 책읽어주기 활동은 활동가와 아이들의 관계를 친근하게 엮어준다. 이런 아이들의 변화는 주변에 자신을 돌봐주는 어른들이 있음을 느끼게 할 것이다.

- 책에 다가가는 적극적인 독자가 된다

아이들은 시간이 지나면서 활동가가 오늘은 어떤 책을 가지고 왔는지 궁금해하기도 하고 가방을 열어보기도 한다. 무슨 이야기인지 호기심을 가지고 책에 대한 관심과 흥미가 늘어난다. 질문을 하기도 한다. 아이들은 읽어준 책에 관심을 갖고 도서관에 가서 다시 한번 읽어보고 그 책을 가지고 와서 활동가들에게 보여주면서 읽어달라고 하는 경우도 많다. 책의 재미를 느끼고 책과 조금 친해지는 아이들. 도서관을 이용하고 그 책을 찾아서 다시 즐기는 아이들. 활동가가 읽어준 책 작가의 다른 작품을 찾아오는 아이들은 모두 스스로 책에 다가가는 독자다. 물론 처음부터 이렇게 적극적인 독자가 아니었다. 일주일에 한 번이지만 지속적으로 읽어주는 활동을 함께 하면서 변화한 것이다. 독서는 자발성과 지속성으로 완성된다고 한다. 몇 년이고 지속되는 활동으로 독서에 자발적인 독자를 만들어나간 것이다.

사회의 변화

지금까지 안으로는 지회의 변화, 밖으로는 기관의 변화와 아이들의 변화를 살펴보았다면 지금부터는 이 모든 것이 어우러진 사회의 변화를 살펴보고자 한다. 우리는 사람과 더불어 살아가고 있다. 가장 작은 사회인 가정의 울타리부터 출발하여 생애주기를 거치면서 다양한 사회로의 연계 속에서 살아가고 있다. 그렇기에 모든 활동은 사회 속에서 어우러지고 그 속에서 바람직한 방향으로 변화를 이끌어 낼 수 있어야 한다.

- 부모와 어른들의 인식 변화
아이들에게 책을 읽어주는 일은 글자를 모르는 어린아이에게 해주는 것이라 생각하는 어른들이 많았다. 학교에서도 복지관에서도 아이들은 스스로 책을 읽는 것이 중요하지 어른이 읽어주는 것은 수동적인 독서활동이라는 인식이 강했다. 하지만 우리 회가 앞장서서 책읽어주기를 다양한 기관에서 진행했고 아이들과 기관의 변화를 보았다.

그리고 이런 변화에 대한 사례는 퍼지고 퍼져 교사, 학부모, 기관 담당자들이 책을 읽어주는 일이 수동적인 독자가 아니라 적극적인 독자로 바꾼다는 것을 알게 되었다.

어른들은 자연스럽게 아이들과 책을 매개로 하여 더 풍부한 이야기를 나눌 수 있게 된다. 아이들의 환경, 생활과 마음을 들여다보고 귀기울여 주는 어른들이 있다는 것은 사회적으로도 중요한 일이다. 책 읽어주기는 어른들로 하여금 이런 역할을 하도록 하며 내 아이뿐만 아니라 세상의 아이들에게도 관심을 갖고 책을 읽어주는 모습을 건강한 어른의 상으로 인식하게 된다.

이런 어른의 변화는 아이들에게 '책을 읽어라' 가 아니라 '함께 읽자' 또는 '읽어줄게' 로 바뀌는 조금의 계기는 제공하지 않았을까 생각한다. 이는 책읽어주기를 이벤트가 아니라 일상적인 문화로 만들어준다.

- 책 듣고 자란 아이, 책 읽어주는 어른으로 선순환

책을 좋아하는 아이들이 자라서 책을 좋아하는 어른이 된다. 책 읽는 즐거움을 경험한 아이들이 자라서 또 다른 아이들에게 책의 즐거움을 나눠준다. 책읽어주기 활동으로 만난 아이들은 책과 독서에 대해 기성세대와 다른 경험을 한 세대이다. 그동안 만났던 아이들이 자라서 지금쯤 어디서 어떻게 살고 있는지는 알 수 없다. 어린 시절 만났던 책 읽어주는 어른을 기억할지도 모른다. 하지만 대학생 중에 어린 시절 부모나 교사가 책을 읽어준 경험이 있다는 경우가 더 많아지고 있는 것은 분명하다. 이들이 자라서 책 읽어주는 선생님이 되고 사서가 되고 부모가 된다면 세상은 좀 더 건강하게 변하게 될 거라 믿는다.

- 책읽어주기로 함께 하는 공동체 연대

책읽어주기는 어린이도서연구회 내부 활동이 아니다. 대외 기관과 함께하는 활동이다 보니 함께하는 사람들도 생기고 관심을 가지는 사람도 많아지게 되었다. 이런 책읽어주기 확산은 누구에게나 평등한 책읽기를 이루는 데에도 작으나마 역할을 하였다. 회원들은 내 아이가 아닌 지역 많은 아이들을 돌아보게 하였으며 가정뿐만 아니라 사회 다양한 아이들의 삶을 살피는 계기가 되었다. 이는 책을 매개로 하는 공동체적 연대활동으로 이어졌다. 집에서는 전혀 책을 읽지 않고 누가 책을 읽어준 경험도 전혀 없었던 아이들에게 책을 읽어주었을 때 "책도 재미있네요."라는 반응을 보면 그 아이들의 삶에 우리 활동가가 작은 씨앗을 심어주는 역할을 하였다고 본다.

- 어린이책 출판시장 양적 질적 변화 및 부모의 좋은 책 고르는 기준 변화

책읽어주기 활동은 짧지만 우리나라 어린이책 출판시장이 양적 질적으로 성장한 것에 역할을 했다고 볼 수 있다. 주로 단행본 그림책을

읽어주다 보니 좋은 단행본 그림책을 알리는 역할을 하게 되는 것이다. 이는 읽어주는 활동에서뿐만 아니라 간담회, 강의, 활동가 양성교육 등에서 좋은 그림책 소개를 하다 보니 간접적인 홍보가 되기도 한다. 학부모들에게 좋은 책 고르는 기준을 제시하는 역할도 하게 된다.

책읽어주기 문화의 사회적 확산

- 신문기사로 살펴 본 책읽어주기

아래의 그림은 국내 54개 언론사 뉴스를 통합 데이터베이스로 구축하여 서비스하는 빅카인즈BIGKinds에서 '책읽어주기'를 바이그램분석으로 검색한 기사 건수를 그래프로 나타낸 것이다. 1990년 1월 1일

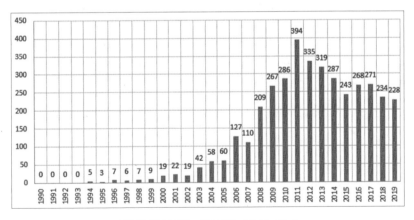

'책읽어주기' 연도별 기사 건수

부터 2019년 12월 31일까지 30년 동안 생산된 책읽어주기 관련 기사는 3,835건이다. '책읽어주기'라는 용어는 1990년대 초반에는 거의 사용되지 않다가 94년부터 나타나기 시작했다. 책을 읽는다거나 책을 읽어준다는 내용은 있을 수 있지만 '책읽어주기'를 단어로 사용하기 시작한 것은 90년대 중반부터라는 것이다. 이렇게 나타나기 시작한 '책읽어주기'라는 단어는 우리 회가 책읽어주기 활동을 지회 중점 사업으로 정한 후인 2000년대 중반부터 급격히 늘어나기 시작해서 2010년대 초반까지 지속적으로 늘어났다.

하지만 최근 들어 언론에 '책읽어주기' 단어가 노출되는 빈도가 서서히 줄고 있다. 그 이유가 무엇인지는 좀 더 깊이 생각해 볼 일이다.

- 학술 연구로 살펴본 책읽어주기

다음 그림은 학술 데이터베이스인 riss에서 '책읽어주기'를 검색한 결과이다. 총 248편이 검색(학술논문 70편, 학위논문 178편)되었다. 248편이 생산된 연도별 추이를 보면 신문기사 건수와 비슷한 경향을 볼 수 있다. 2000년대 중반부터 급격하게 증가하기 시작해서 최근 줄어들고 있는 형세가 비슷하다는 것은 '책읽어주기'에 대한 관심이 사회적으로 더 이상 신선하지 않다는 의미일 수도 있을 것이다.

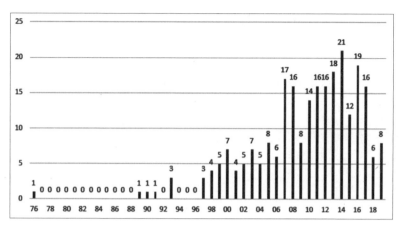

'책읽어주기' 연도별 학술연구 건수

03
책읽어주기 활동, 책과 사람이 만나는 일

　이 연구는 대구경북지부 회원들이 지난 15년 동안 곳곳에서 사람들과 책을 읽어주며 만났던 활동을 정리하고 그 의의를 살펴보는 데 목적을 두고 시작했다. 활동가들에게 본인이 지난 시간 읽어 준 책 목록을 정리해 보도록 요청했으며, 지회별로 책읽어주기 발자취를 정리하도록 부탁했다. 연차가 오래된 회원이 있어 잘 기억하고 있는 지회도 있고 그렇지 않은 지회도 있었다. 그런 경우 카페에 그때그때 기록이 남아 있으면 다행이겠지만 그도 아닌 경우면 정리하기가 쉽지 않았다. 자료 조사를 하면서 회원들은 기록의 중요함을 다시 한번 깨닫게 되었다.

　수집한 자료를 살펴 본 결과 초기에는 책읽어주기 활동의 원칙과 방법을 만들어 나가는 데 주력했다가 점점 활동기관과 활동 범위를

넓히고자 했다. 강의, 간담회, 청소년 교육 등 다양하게 진행하다가 2015년 이후에는 활동가도 줄고 기관도 줄어드는 등 활동정체가 심각해지고 있다는 것을 볼 수 있었다. 이런 문제를 극복해 보고자 2018년 지부에서 활동가 연수도 열고 지회 교육을 지원하는 등 지부단위에서도 노력하고 있으나 이는 지회에서부터 논의되어야 할 문제이다.

책읽어주기 활동은 책과 사람이 만나는 일이다. 따라서 책에 대한 고민은 처음부터 지금까지 대부분의 활동가가 가지고 있다. 어떤 책을 읽어줄 것인가에 대한 고민은 활동가들이 책을 읽고 듣는 이의 반응을 살피면서 쌓여왔다. 옛이야기 그림책은 예나 지금이나 회원들이 즐겨 읽어주는 장르이며, 외국 창작그림책은 종이 다양하여 여러 번 읽어준 책 목록에는 많지 않은 반면 우리나라 창작그림책은 여러 번 읽어준 책이 많다. 회원들이 책이 좋고 반응이 좋은 책은 서로 공유하기 때문에 더 집중되는 면도 없지 않다 하겠다. 과학지식그림책을 많이 읽어준다는 점은 대구경북지부의 특성이 반영된 부분이기도 하다. 여전히 목록에 대한 갈증을 가지고 있다는 점은 지부단위에서 앞으로 더 고민해야 할 지점이기도 하다.

책읽어주기 활동의 의의를 활동가 개인과 지회, 활동기관, 사회 전반에 미친 영향으로 나누어 살펴보았다. 만나는 사람들이 변하는 모습을 보면서 읽어주는 활동가도 성장해 왔다는 점을 알 수 있었다. 책을 보는 눈이 생기고 사람을 이해하는 눈도 넓어졌다고 회원들은 말한다. 책읽어주기 관련 학술연구에서 주로 다루는 키워드 중 하나가

'상호작용'이다. 읽어주는 이와 듣는 이의 상호작용은 우리 회원들이 활동에 보람을 느끼고 성장하는 요인이 된다. 아이들이 보여주는 변화, 장애를 가진 이들이 보여주는 변화, 같은 책에 대한 다양한 반응 등은 책과 사람에 대한 이해를 높인다. 사회적으로는 언론이나 학술 연구에도 영향을 미쳤다고 말할 수 있겠다.

연구팀은 이렇게 15년을 정리하면서 몇 가지 느낀 점을 들어 결론에 갈음하고자 한다.

첫째, 당연히 해야 하는 일이라고 생각했든 책임감에 등떠밀려 시작했든 결코 짧지 않은 시간 동안 꾸준히 활동을 이어오고 있음에 스스로 박수를 보내고 싶다. 활동가 수가 줄어드는 점은 전체 회원 수가 줄고 있는 점과 무관하지 않지만 그래도 책 \읽어주는 기관 수를 유지하려고 애쓰는 지회 회원들의 노력이 있어 이어올 수 있었다.

둘째, 새로운 활동가를 확보해야 한다. 여러 지회에서 1기관에 활동가 2명을 배치한 이유는 활동가가 책임져야 할 부담감을 줄이기 위한 목적만은 아니다. 새로운 활동가와 기존 활동가가 같은 기관에서 활동하면서 경험을 공유하고 활동가들이 계속 성장할 수 있도록 돕기 위한 측면도 있다. 지회 환경에 맞게 활동가를 늘릴 수 있는 방법에 대해 깊은 고민이 필요한 시점이다.

마지막으로 연구를 마무리하면서 연구팀은 몇 가지 제언을 하고자 한다.

첫째, 기관 유형별 읽어주기 좋은 책 목록에 대한 요구가 있으나

2013년 활동가 연수 이후 정리된 바가 없어 다시 한번 목록을 만들 필요가 있다. 책읽어주기 활동 연차에 차이가 많이 나고 있어 새롭게 시작하는 회원들에게는 필요한 자료이다.

둘째, 지부단위로 15년 역사를 정리하다 보니 지회 책읽어주기의 세밀한 부분이 누락된 내용이 있을 수밖에 없다. 통일된 기준으로 정리할 필요가 있었기 때문에 누락되기도 했고 지회 사정을 세세하게 알지 못해서 그랬을 수도 있다. 따라서 지부 자료를 바탕으로 지회별 책읽어주기 역사를 정리해 보기를 제안한다. 지부 단위 연구보다 더 세밀한 결과를 이끌어 낼 수 있을 것이다.

2부

잊지 못할 감동의 시간

아침을 즐겁게 시작했으면 하는 바람으로
재미있는 책을 주로 챙겼지만 함께 생각하고 이야기 나눌 책들도
가방 속에 들어가 있었다. 아이들은 모두 저마다 각기 다르게
반응했고, 다양하게 받아들였다. '책'을 읽어준다는 건,
누군가에게 '말'을 건네는 것과 같지 않을까? 아이들은
내가 건넨 '말'에 즐겁게 대답해 주었고, 하나의 책은
교실 속 아이들 수만큼의 이야기로 다시 태어나곤 했다.

아이들이 도우미가 되었어요

· 읽은 이 : 우윤희 (포항지회)
· 읽은 날 : 2005년 12월 8일
· 읽은 곳 : 포항 모자원
· 들은 이 : 초등학생
· 읽은 책 : 『혀 잘린 참새』, 『똥벼락』, 『아씨방 일곱 동무』

일본 옛이야기 책입니다. 3시에 시간 맞춰 갔더니 ○이랑 지○만 있었어요. 영○이는 있었지만 너무 산만하고 ○이에게 자꾸 장난을 걸어서 같이 힘들었어요. 장난을 계속 걸더니 혼자 다른 책 읽고 싶다고 갔습니다. 아직 모자원에 온 지 얼마 안 되어 그런지 주의가 산만하고 집중력이 높지 않아요. 그래도 장난을 걸지 않으면 좋은데. 하여튼 읽기 시작했더니 종○이가 오더군요. '에이 늦었다.' 하면서요. 잠시 후 재○이랑 친구랑 영○이가 다시 오고 현○이도 왔어요. 『혀 잘린 참새』는 옛이야기라 그런지 아이들이 좋아하더군요. 다 읽어 가는데 잠이 오던 혜령 낭자가 또 징징. 애들한테 물었습니다. "얘들아. 아기가 이렇게 잠이 와서 징징거릴 땐 어떻게 하면 되게?" 아이들은 모른다고 합니다. "엄마 쭈쭈를 먹으면 바로 잔다?" 하면서 쭈쭈를 줬더니 금세 자더군요. 아이들이 신기한 눈으로 바라봅니다. "진짜로 자네." 하면서. 혜령이 젖 먹이면서 두 권 더 읽었어요. 『똥벼락』이랑 『아씨방 일곱 동무』를 읽었어요. 『황소와 도깨비』를 들고 왔는데 아이들이 자기들끼리 두 권만 더 읽기로 정하더니 정리를 하더군요. 지ㅇ는 일지를 적어주고, ㅇ이는 아이들 정리시키고. ㅎㅎ 아이들이 이제 도우미가 되었지요.

다 읽고 나서 목록 정리를 했어요. 작년 4월부터 읽었으니 책이 많지요. 그런데 몇 권은 없는 책도 있었어요. 모자원에 살림집과 공부방이 한 건물에 있다 보니 집으로 가져가서 가져오지 않은 책들도 있는 것 같아요. 읽어주고 나서 책 정리를 꼭 하고 와야겠습니다.

기본에 충실하면 좋은 결과가 있다

· 읽은 이 : 이상미 (영천지회)
· 읽은 날 : 2005년 매주 목요일 아침 8시 40분~9시
· 읽은 곳 : 영천 포은초등학교
· 들은 이 : 초등학생

책을 읽어주기 시작하고 2주일쯤 지났을까? 슈퍼를 가거나 아파트 단지를 지날 때 아이들이 나에게 아는 척을 한다. "어! 동화 아줌마다." 아니면 옆에 있는 엄마에게 이야기한다. 기분이 꽤나 좋았다. 근데 난 아이들의 이름도 모르고 얼굴은 조금밖에 기억을 못하니 뭔가 아쉬움이 남았다.

다른 회원들이 열심히 책읽어주기를 할 때 나는 선뜻 나서서 하겠다는 말을 하지 못했다. 좋은 취지고 나도 많은 의미를 부여할 수 있었지만 첫발을 내딛는 것이 쉽지만은 않았다. 내가 정말 끝까지 할 수 있을까? 워낙 중간에 하다 마는 일이 많아서 내가 내 자신을 믿어주지 않았다.

처음엔 책 선정하는 것이 힘들었다. 어떤 책을 읽어주어야 할까, 어떤 책을 좋아할까? 근데 올해 내가 읽어준 대부분의 책은 우리 옛이야기 책들이다. 이유는 내가 좋아한다는 이유로.

늦잠을 자기도 하고 혹은 급히 책 선정을 하기도 하고 어떤 때는 학교에 가면 아이들이 교실에 없기도 했다. 그렇지만 실망하지는 않았다. 책읽기가 중요하지만 앞으로도 기회가 많기에 아이들과 선생님을 믿는다.

사실 책을 읽어주기 위해 마음을 거기에 두어야 하고, 시간을 내어야 하고, 책을 사야 하고, 차를 타고 가야 한다. 난 지금 한 곳을 하고 있지만, 두세 곳을 하는 회원, 2, 3년째 하는 회원도 있다. 이런 노고를 아끼지 않고 지금까지 활동한 회원들이 존경스럽다.

늘 문자로 책읽기 날짜를 알려준 희정 씨도 고맙다. 그리고 아이들 챙겨준 우리 신랑, 밥 잘 챙겨 먹고 간 우리 아이들에게도 고맙다. 이렇게 글을 쓰니까 내가 대단한 일을 한 것 같다. 그래 그렇게 생각하고 싶다. 그래서 이 좋은 일을 내년에도 해야겠지.

늘 생각한다. 뭔가 효율적인 것을 찾기보다도 기본적인 책읽기를 하자. 기본에 충실하면 쌓이고 쌓여서 좋은 결과가 있을 것이다.

책읽어주기 활동을 하면 나에게 큰 기쁨이 돌아옵니다. 지금 망설이고 있는 회원님들 용기를 가지세요.

- 2005년 11월 영천지회 〈책나무〉에서

책읽기로 많은 친구와 사귈 수 있기를

· 읽은 이 : 우윤희 (포항지회)
· 읽은 날 : 2006년 3월 10일
· 읽은 곳 : 포항 모자원
· 들은 이 : 초등학생
· 읽은 책 : 『빈 집에 온 손님』, 『까치와 호랑이와 토끼』, 『거미 아난시』

　　오늘은 혜령이가 굳이 걸어가겠다고 떼를 쓰는 바람에 걸어서 택시를 타고 갔습니다. 모자원에 가서도 끝끝내 업히지 않겠다고 하는 바람에 컴퓨터실을 배회하며 걷도록 두고 책을 읽었지요. 이제 이 녀석이 슬슬 반항을 시작합니다 그려~. 오늘은 새로 온 친구가 두 명이나 있었어요. 2학년 슬○와 여섯 살인 희○.

　　슬○는 어제 이사를 온 친구라 아직 서먹해했어요. 그래서 책 읽는 내내 슬○의 이름을 여러 번 불러주면서 묻기도 하고 얘기도 했더니 끝엔 와서 말도 걸며 웃기도 하더군요. 희○는 책 읽는 중간에 들어와서 선생님이 앉아서 들으라니까 듣는 것 같았는데요. 그래도 아무 내색 없이 잘 듣고 있었어요. 그리고 지○, 미○이, 그리고 청일점 원○

이. 『빈 집에 온 손님』을 읽고 아이들이 제게 『까치와 호랑이와 토끼』 이야기를 해 주었어요. 한참이나 책꽂이에서 안 보이길래 누가 가지고 갔나 보다 했더니 지ㅇ네 집에 있었을까요?

　지ㅇ가 이야기를 줄줄이 꿰고 있더군요. 미ㅇ이도 거의 줄거리는 알고 있고요. 지ㅇ랑 미ㅇ이가 번갈아 가며 서로 끼어들어 가며 이야기를 해 주는데 맞장구쳐 가며 듣는 재미가 쏠쏠했어요. 그리고 지난번에 읽었던 『거미 아난시』를 다시 읽어달라고 해서 읽었지요. 새 봄과 함께 모자원에 온 새로운 친구들이 잘 적응하고 좋은 친구도 많이 사귀고 우리 회원들과 책친구 할 수 있었으면 좋겠네요.

책으로 세상과 소통하다

· 읽은 이 : 홍숙경 (영천지회)
· 읽은 날 : 2007년 매주 수요일
· 읽은 곳 : 경북 영광학교
· 들은 이 : 발달장애아동
· 읽은 책 : 『훨훨 간다』외

"오늘은 혼자 걸어와야 한다."

"엄마, 오늘 손가락 여섯 개 오빠한테 가?"

"그래. 큰길로 와야 한다. 집에 도착하면 엄마한테 전화하고."

초등학교 1학년인 작은애는 한 달에 두 번 학교에서 집까지 혼자 걸어와야 한다. 수요일이면 엄마가 특수학교인 영광학교에 그림책을 읽어주러 간다는 것을 알고 있기 때문이다.

아이를 맡길 곳이 없어 작은아이를 데리고 영광학교에 간 적이 있었다. 중등부의 한 남자아이가 다가와서는 우리 애가 예쁘다며 뽀뽀를 하고 갔다. 장애인을 처음 봐서 잔뜩 주눅 든 꼬마에게 뽀뽀까지. 그날 작은애는 나에게 많은 것을 물어봤다.

"엄마, 오빠들 왜 그래?"

"응~. 우리랑 조금 다른 거야. 생각하는 힘이 조금 부족하기도 하고 우리랑 다르게 보고 다르게 생각하기도 해. 하지만 우리와 똑같이 함께 살아가야 할 이웃이야."

그날 이후 수요일이 되면 엄마가 책 읽어주러 가야 하기 때문에 혼자서 걸어와야 한다는 것을 당연하게 생각한다.

처음 영광학교에 간 날을 기억한다. 발달장애인들을 이토록 가깝게 대면해 보기는 처음이라 무섭기도 하고 떨리기도 했다. 이것이 솔직한 나의 심정이었다. 『쿠슐라와 그림책 이야기』의 주인공 쿠슐라처럼 이 친구들도 책을 통해 세상과 소통하고 자신을 들여다볼 힘이 생기기를 바라는 마음으로 무작정 시작한 일이다. 장애를 가지고 태어난 쿠슐라에게 끊임없이 책을 읽어주었던 그녀의 부모님 덕분에 그녀는 조금 부족하지만 조카들에게 책을 읽어주기도 하고 정원 가꾸기를 즐기는 건강한 성인 여성으로 성장했다. 쿠슐라는 도움을 받아야 할 존재에서 작으나마 도움을 주는 존재로 성장한 것이다. 책이 가지는 힘. 건강한 일반 어린이들에게 그토록 책을 읽으라고 권하면서 왜 발달장애 아동들에게는 그런 기회조차 제공하지 않는 것일까? 책은 세상과 소통하며 자신을 들여다볼 수 있는 창이기도 하다. 그렇다면 더욱 이들에게 책을 읽어주어야 하지 않을까?

내가 이들을 변화시킬 수 있을 거라는 당찬 희망을 가지고 그들에게 다가간 지 이제 4년째. 시간이 흐를수록 책을 읽으러 오는 아이들이 반갑고 귀하다는 생각이 들었다. 어쩌면 더욱 깨끗하고 솔직한 아이들. 방학 동안 쉬었다가 다시 책을 읽으러 가면 반가워하며 두 손을 맞잡고 폴짝폴짝 뛴다. 보고 싶었다고. 얼른 책을 읽어달라고. 너무나 사랑스러운 표정으로 나를 맞이한다. 하지만, 책 읽어주는 일이 마냥 흐뭇하고 보람된 것만은 아니었다. 여러 명의 발달장애 아동들을 앉혀놓고 책을 읽는다는 것이 그리 쉬운 것만은 아니었다. 때로는 아무도 보지 않는 그림책을 목이 터져라 읽고 나오며, 내가 이 일을 왜 하나 싶을 때도 있었다. 오로지 책읽어주기를 통해 아이들을 변화시킬 수 있다는 믿음으로만 지탱하고 있는 이 일. 그 확신이 흔들릴 때는 책 읽어주러 가는 일이 귀찮고 힘이 든다. 언젠가는 나아지겠지, 뭔가 달라지겠지. 내가 읽어주는 책을 통해 그들의 인생이 달라질 수도 있어. 나 자신에게 끊임없이 주문을 걸어보지만 때때로 지치는 것을 어찌할 수는 없다.

아이들은 그림책의 내용이 길어지면 집중력이 확 떨어진다. 책 한 쪽에 한두 개의 문장만 있는 짧은 유아용 그림책은 끝까지 함께 읽을 수 있다. 조용히 앉아서 들을 수 있는 아이가 거의 없어 책으로 놀 수 있는 방법들을 찾는다. 그림 한 쪽만으로 계속 이야기를 할 수도 있다. 그림책의 문장을 함께 소리내어 읽기도 한다. 책으로 노는 것, 그것이 나와 그들이 책을 통해 소통하는 방식이다.

"예끼 이놈!"

"예끼 이놈!"

"훨훨 간다."

"훨훨 간다."

권정생 선생님의 『훨훨 간다』를 읽으며, 그림책 속의 농부와 할아버지가 되어서 서로 말을 주거니 받거니 한다. 영문도 모르고 그저 따라하는 게 좋아서 웃고 떠든다. 그림책 속에 빠져들어서 이야깃거리를 찾아내는 아이. 아예 책에는 관심이 없고 컴퓨터 앞에서 컴퓨터와 씨름하는 아이. 돌아다니는 아이. 재미있는 부분이 나오면 그림책 앞으로 진격하는 아이. 각양각색의 아이들과 책을 읽는다. 아이들이 각양각색이듯 책도 각양각색의 방법으로 아이 하나하나에 맞춰서 읽어주면 더 좋을 것 같다. 한 아이 한 아이 옆에 앉히고 그림책을 함께 들여다보며 즐길 수 있다면 얼마나 좋을까? 책 읽어주는 사람 숨소리를 들으며 어깨를 맞대고 책을 통해 서로 많은 이야기를 할 수 있을 텐데. 그렇다면, 저 아이들 모두에게 책 읽는 즐거움을 줄 수 있을 텐데.

대중교통이 없고 영천시내에서 상당히 떨어져 있는 외딴 곳에 매주 간다는 것이 웬만해서는 하기 힘든 일이다. 12시 반에서 2시 반까지 수요일 하루의 허리를 동강내어야 한다는 것도 상당히 부담스럽다. 어디서 수고비가 나오는 것도 아닌데 힘겹게 차편을 마련해서 아이는 남의 집에 맡기고 때로는 혼자 두고 남의 아이를 위해 책을 읽어주러 가는 것. 어찌 보면 내가 왜 이러나 싶기도 하지만 책읽어주기의 결과가 눈에 보이지 않아도 4년이 넘게 계속 이 일을 할 수 있는 것은 이 아이들이 나에게 주는 기쁨과 보람 덕분이다.

"어떻게 발달장애 아동들에게 책을…?" 미리 선을 그어 놓고 안 될 일이라고 단정짓고 있는 것은 아닌지. 아이들이 책을 읽어주는 나와 소통하며 또는 책과 소통하며 그 순간 즐거운 경험을 하고 이것을 기억할 수 있다면 그들이 성장하는 것이 눈에 보이지 않는다고 해도 충분히 보람된 일이다. 누구나 책을 읽으며 즐거움을 누리고 인생이 풍요로워질 수 있다. 스스로 책을 읽든 남이 읽어주는 책을 듣든 말이다. 발달장애 아동들도 우리 아이들과 똑같이 책을 즐기고 누릴 수 있다. 우리의 마음이 그들에게 조금만 더 열린다면 말이다.

자그마한 풀 한 포기도 소중하다

· 읽은 이 : 우미혜 (경산지회)
· 읽은 날 : 2008년 10월 1일
· 읽은 곳 : 경북도립 노인병원
· 들은 이 : 할머니, 할아버지
· 읽은 책 : 『강아지똥』,『이상한 할머니』,『엄마까투리』

　햇볕은 따갑고 바람은 시원한 가을 날씨였다. 오늘은 어떤 얘기를 하면 좋을까 하며 갔었는데, 경옥 씨가 할머니, 할아버지들과 함께 실뜨기 하면 좋겠다고 색깔이 고운 노란 실을 가져왔다.

　먼저,『강아지똥』을 읽어 드렸을 때, 자그마한 풀 한 포기도 소중하다는 것을 얘기하시면서 감동을 받으시는 것 같았다.『엄마 까투리』를 다 읽고 난 후, 동물이나 새들도 사람과 마찬가지로 모성애가 있는 것이 똑같다면서 안타까워하셨다. 다음은 기영 씨가『만희네 집』책을 읽을 차례인데 작은애가 보채는 바람에 경옥 씨가 먼저『이상한 할머니』를 읽었다. 읽고 나서 실을 할아버지, 할머니께 나눠 드리며 옛 기억을 더듬어 실뜨기를 하자고 했다.

할아버지, 할머니는 오랜만에 하는 거라 기억이 잘 안 난다며, 실수하셨을 땐, 입가에 웃음이 끊이지 않았다. 한 할아버지는 실뜨기를 굉장히 하고 싶어 하셨는데, 손이 마음대로 움직여 주지 않자 흐느끼며 우시기도 하셨다. 그 모습을 볼 때, 마음이 얼마나 아팠는지…. 할아버지께 언젠가는 손주들과 할 수 있는 날이 있을 거라며 위로의 말밖에는 할 수 없었다. 실뜨기를 통해 그분들과 더 가까워지는 것 같았고, 할아버지, 할머니도 즐거워하시는 것 같았다. 그분들이 실뜨기를 계속 하느라 더 이상 책 읽어드릴 분위기가 되지 않아 기영 씨는 다음에 읽어드리기로 약속하고 끝냈다. 할아비지 할머니의 웃는 모습이 너무나 아름다워 보였다.

함께 웃는 모습에서 다시 힘을 얻다

· 읽은 이 : 우미혜 (경산지회)
· 읽은 날 : 2008년 12월 3일
· 읽은 곳 : 경북도립 노인병원
· 들은 이 : 할머니, 할아버지
· 읽은 책 : 『눈다래끼 팔아요』, 『우당탕탕, 할머니 귀가 커졌어요』

○○ 씨는 시댁에 일이 있어 참석을 못 했다. 할아버지, 할머니께서
진송이의 재롱을 많이 기다리실 텐데.

오늘은 내용이 조금 긴 책 『우당탕탕, 할머니 귀가 커졌어요』를 골
라 갔다. 과연 할머니, 할아버지께서 집중해서 잘 들으실지 반신반의
하면서. 혜경 씨의 홀쭉해진 얼굴을 보니, 감기가 많이 심했던 것 같
았다.

○○ 씨가 먼저 『암만 감아두』를 너무 재미있게 읽어주니, 집중해
서 들으시며 재미있는 부분에서는 소리 내어 웃으시기도 하셨다.

『뿌웅, 보리방귀』를 ○○ 씨가 읽어 드렸는데 갑자기 물리치료 하

러 가신다고 나가시고 전화기가 울리고 해서 읽는 사람이나 듣는 분들이 조금은 산만했던 것 같다. 그러나 "저런 시절이 있었는데…"라는 말과 함께 웃으시는 모습에 다시 힘을 얻었다.

마지막으로, 『눈다래끼 팔아요』와 긴 글을 읽어드렸는데, 눈다래끼 어떻게 파는지 아시냐고 물었더니 돌 아래 위 사이에 속눈썹 뽑은 걸 넣고 그걸 발로 차는 사람이 사는 것이라고 대답하시며 즐거워하셨다. 긴 책은 읽을 때마다 그림을 손으로 짚어가며 귀가 조금씩 자라는 모습이 보이냐고 물으니깐, 보이신다면서 재미있어하셨다.

처음 책읽어주기 할 때가 3월이었는데, 벌써 한 해가 마무리되었다. 할머니 할아버지의 관계가 처음엔 소원했지만 지금은 가까운 느낌이 드니 마음이 한결 가볍다.

내가 책에 빠져들면 아이도 같이 빠져든다

· 읽은 이 : 김경란 (영천지회)
· 읽은 날 : 2008년 매주 금요일
· 읽은 곳: 영천 영화초등학교
· 들은 이: 초등학생

매주 금요일 아침이면 나는 잠시 혼이 나간 사람이 된다. 초등학생인 아들을 깨우고, 뒤이어 6살인 아이를 깨워서 밥을 먹이고 씻기고, 옷을 입히고, 나 역시 씻고 옷 입고 집을 나설라치면 언제나 "빨리 빨리, 엄마 늦었어."가 입에서 떠나질 않는다. 누가 보면 출근하는 엄마가 애들 학교, 유치원 데려다주는 풍경이라 생각하겠지만 그것도 아니다. 그렇게 큰아이 학교에 데려다주고, 작은아이 유치원에 데려다주고 내가 가는 곳은 영천 영화초등학교 2-2반 교실이다.

학교 책읽어주기가 처음은 아니다. 작년에 동부초등학교에 몇 번 대신해서 읽어줬고, 팔레스와 영광학교에도 대신으로 몇 번 갔었다. 소위 대타 전문요원인 내가 확실히 맡아서 책을 읽어주기는 처음이다. 그래도 그때는 아이들한테 잘 보여야겠다는 생각에서 화장도 하고, 특히 동부초등학교에 갈 때는 옷도 신경을 써서 입었다. 허나 지금은 책읽어주기 하러 갈 때마다 꼴이 말이 아니다.

누구나 그렇듯 처음에는 적응하느라 힘이 든다. 일주일에 한 번이지만 일어나기 힘들어하는 둘째 녀석을 볼 때마다 '내가 왜 이 노릇을 해야 하나! 오늘은 그만 가지 말까!' 하는 생각을 서너 번은 한 것 같다. 그렇게 정신없이 한 학기를 보내고 나니 이제 적응이 좀 된 거 같다.

2학기가 되니 나보다 우리 아이들이 먼저 안다. 목요일 저녁이면 "엄마, 내일은 어떤 책 읽어줄 건데?" 하고 물어보기도 한다.

우리 반 아이들(영화초등학교 2학년 2반)은 너무나 사랑스럽고, 귀엽고, 천진난만하고 그런 식상한 미사어구와는 전혀 어울리지 않는다. 또, 책을 읽어주는 8시 30분부터 50분까지 20분 동안 나의 눈만 바라보며 조용히 찍소리 않는 집중력을 보이는 아이들도 아니다. 그저 재미있으면 듣고, 보고 재미없으면 각자 할 일 하고, 돌아다니기도 하고, 짝꿍이랑 소곤소곤 이야기도 한다. 나 역시 "재미없으면 각자 다른 일 해도 되는데, 듣고 싶어 하는 친구가 있으니까 조용히만 하자."라고 하지 "억지로 다 들어!!!"라고 강요하지는 않는다. 어디서 들은 건 있어서 아이들에게 책을 읽지 않을 권리를 인정해 주고 싶었다.

이렇게 저렇게 한주 한주 흘러가면서 한 가지 신기한 점은 내가 책에 빠져들면 아이들도 같이 빠져든다는 점이다. 내가 별로 감동을 받지 않았거나 좋아하지 않는 책을 읽어 줄 때면 아이들도 어떻게 알았는지 다소 산만하지만 내가 푹 빠져서 읽어 준 책은 정말 쥐 죽은 듯이 조용히 집중해서 듣는다.

이제 아이들과도 많이 친해졌고, 사정이 있어 한 주 빠지고 그 다음 주에 가면 왜 안왔냐고 하고, 담임 선생님께서도 안부를 물어 주신다. 한 가지 아쉬운 점이 있다면 학교에서 배려는 많이 해주시지만 기대가 너무 높다는 것이다. 일주일에 20분 정도 책 읽어주는 것으로 아이들에게 지식을 꽉꽉 심어준다든가, 갑자기 품행단정한 아이가 되지는 않는데, 처음에 영화초등학교 교장선생님께서 많은 것을 바라시는 눈치여서 부담이 컸었다.

많은 시간이 남지 않았다. 한달 남짓 남은 시간 동안 열심히 읽어주고 아이들과 교감을 많이 나누고 싶다.

- 2008년 11월 영천지회 〈책나무〉에서

나도 저런 무화과가 있으면 좋겠어요

· 읽은 이 : 윤조온 (대구지회)
· 읽은 날 : 2008년 10월 23일
· 읽은 곳 : 칠곡 우리마을학교
· 들은 이 : 초등1~2 5명
· 읽은 책 : 『감기 걸린 날』, 『세상에서 가장 맛있는 무화과』, 『옛이야기: 도
　　　　　 깨비에게 홀린 노총각』

　　○○ 씨가 사정이 생겨 대신 그 자리에 들어가게 되었다. 강북 어린
이지역센터는 저번 주로 마지막 책읽어주기를 하였기에 이제 여기 아
이들을 만날 수 있게 되었다. 올해 초 첫 시간에 한 번 만났었지만 아
이들이 기억을 하진 못했다. 그래서 새로 인사 나누는 시간으로 이름
도 물어보고 이것저것 말을 시켜보았더니 예전에 봤을 때보다는 훨씬
얘기에 집중하는 모습이었다. 그동안 우리 회원들이 자리를 잡았구나
하는 느낌이 팍팍 들었다.

　　이야기를 하나 들려주면서 아직 못 온 아이를 기다렸다. 중간에 둘
이 들어와 5명이 되어 그림책 읽기를 시작하려니 손에 들고 있는 팽

이가 눈에 들어왔다.

"요즘 다시 팽이가 유행하나 봐?"

이 한마디에 집중하던 아이들이 갑자기 산만해지며 자기 팽이 이야기를 줄줄 늘어놓았다. 심지어 자기 가방을 가지러 가더니 팽이를 꺼내와 보여주며 설명까지 해준다. 어떤 게 얼마이며 얼마나 센지…. 중간에 아이들을 앉히고 그냥 읽을까? 하다가 그냥 좀 더 들어보기로 했다. 아이들이 어느 정도 하고 싶은 이야기를 마치니 자연스럽게 책으로 관심이 돌아왔다.

『감기 걸린 날』을 펼치니 다ㅇ이가 엄청 반가워하며 소리친다.

"나 저거 알아요. 우리 집에 있어요. 진짜 재미있어요. 몇 번이나 봤어요."

"오~ 다ㅇ인 이 책을 아주 좋아하나 보네~ 그럼 오늘은 내가 읽어줄 테니 그림만 봐봐. 또 다른 느낌일 거야."

다ㅇ이는 많이 봤지만 재미있어하는 책이라 잘 들었다. 다른 아이들에게 간간히 설명도 해주었다. 2학년들은 꿈과 현실을 구분 못 하는 주인공이 좀 답답하다고 궁시렁거렸지만 그래도 그런 비현실을 즐기고 있었다.

다음엔 『세상에서 가장 맛있는 무화과』를 들었다.

이 책은 내가 아주 좋아하지만 아이들도 이 유머를 즐길까 걱정하며 가져가는 책이다.

하지만 의외로 저번 강북 지역아동센터에서도 그랬고 오늘도 그렇고 아이들이 첫 장면부터 책 속에 빠져든다. 왜일까? 곰곰 생각해 보니 인물 표정이 리얼한 그림 때문인 것 같다. 아주 깐깐하고 신경질적으로 보이는 치과의사가 아이들 눈에도 거슬리고 이 사람이 어떻게 될까 계속 호기심이 생기는 듯 잠시도 한눈팔지 않고 책을 본다. 게다가 이 비보 씨가 자신의 애완견을 함부로 다루는 것도 무척 긴장하며 본다. 그러다 무화과의 신비한 힘을 알고는

"나도 저런 무화과가 있으면 좋겠어요."

"뭐 하게?"

"난 닌텐도 사는 꿈을 꾸고 싶어요." 은ㅇ가 그렇게 말하자 너도나도 모두 닌텐도가 갖고 싶다고 한다.

"그렇구나. 그럼 비보 씨는 어떤 꿈을 꿀지 함 볼까?"

마지막에 일어난 반전에선 헤헤거리며

"할머니가 이가 다시 아파서 올 때까지 못 돌아오겠네요?" 한다.

난 한 번도 이렇게 생각해 본 적이 없는데 은ㅇ 말에 난 깜짝 놀랐다.

역시 아이들이 나보다 생각하는 힘이 훨 낫구나!

책읽어주기는 소통이다

· 읽은 이 : 장진아 (영천지회)
· 읽은 날 : 2008년 매주 수요일 오후 2시 30분~3시
· 읽은 곳 : 큰사랑 지역아동센터
· 들은 이 : 초등학생

몇 해 전부터 영천에 있는 《큰사랑 지역아동센터》에 책을 읽어주는 활동을 해 오고 있다. 처음 갔을 때, 좁고 어둑한 분위기 때문인지 과연 이곳에 오는 아이들은 어떤 아이들일까 궁금하였다. 담당 사회복지사 선생님께서 센터의 실정에 대해 들려주셨고 앞으로 일주일에 한 번씩 정해진 시간에 아이들과 만나기로 약속을 하고 왔다.

지역아동센터가 원래는 야사동에 있었는데 올해 망정동으로 이전을 했고, 깨끗하게 내부 수리를 해서 전보다 한결 밝고 아늑하고 편안한 분위기로 바뀌었다.

지난해 우리 모임(어린이도서연구회 영천지회)에서 지원한 책을 위주로 4, 5권 정도 읽어주고 옛날이야기도 들려주고, 거기에 대해 얘기도 나

누고, 그 아이들이 풀어 놓는 이야기도 들어주고, 그렇게 지금까지 활동을 해 오고 있다. 초기엔 "이 책 읽었어요.", "그것 재미없어요.", "무서운 것 읽어주세요.", "나 그 책 싫어요." … 투정도 부리고, 제대로 보지도, 듣지도, 관심도 주지 않던 아이들이 매주 꾸준히 오는 나를 기억하고 이제는 1층 계단 입구에 나와서 기다렸다가 인사도 먼저 건네고 내 자리 챙겨주면서 서로 가까이 앉겠다고 자리다툼까지 한다. 이런 아이들을 보면 한편으로는 자기만 봐달라고, 관심 가져달라고 하는 응석이고 투정이지만 내심 그런 모습이 더 좋아진다. 책을 읽어주면서 아이들의 표정을 보면 책 속으로 빠져드는 아이들의 눈망울이 말똥 말똥, 다음 이야기가 궁금해서 잠시 뜸을 들이면 "빨리요!" 아우성이다. 책 속 그림 장면에 대해 얘기할라치면 한 곳도 놓치고 싶지 않아 다른 친구보다 먼저 찾고자 하는 열망, 얼굴에 묻어난다. 시계를 보면서 마지막 책을 펼쳐들면 "한 권 더요." 벌써 안타까운 표정들이 역력하다. 이젠 복지사 선생님도 함께 자리에서 들어주신다.

이렇듯 책 읽어주는 것을 듣는 것은 나이를 불문하고 좋아하는 것이다. 책읽어주기란 그다지 어렵지 않다. 내 집 아이에게 책 읽어주듯 그 아이들과 함께 공감하면서 읽어주면 그게 바로 서로 소통인 것이다.

아이들이 스스로 책을 읽을 때와는 다르게, 누군가 읽어주는 것을 들을 때 마음의 안정이나 평화, 정서적 안정감을 느낀다. 이런 의미에서 보면 책읽어주기는 매우 중요한 것이다. 이렇게 해서 이젠 아이들

스스로 책을 찾아 읽게 되고 "이 책 읽어주세요.", "오늘은 무슨 책 가져오셨어요?" 하며 적극적인 반응을 보인다.

내가 만난 아이들에게 내가 할 수 있는 조금의 시간을 함께 나눌 수 있는 것에 행복을 느끼고 그렇게 조금씩 조금씩 커가는 아이들에게 정말 좋은 책을 읽어주고 그것이 매개체가 되어 한 사람의 성인으로 성장해서 어린 시절 마음 따뜻했던 시간으로 기억될 수 있다면 참으로 보람 있는 일이지 않겠는가?

누군가를 위하고 사랑하는 것은 그다지 어려운 일이 아니라고 감히 말한다. 그것으로 인해 그 이상으로 내가 성장하는 것이니까. 다음 주는 또 무슨 책을 들고 갈까? 행복한 고민을 해 본다.

- 2008년 11월 영천지회 〈책나무〉에서

책읽어주기를 통해 마음을 열다

· 읽은 이 : 신은영 (구미지회)
· 읽은 날 : 2009년 4월 17일
· 읽은 곳 : 고아한마음 지역아동센터
· 들은 이 : 초등학생
· 읽은 책 : 『어미 개』, 『신기한 그림 족자』

박기범의 『어미 개』와 이영경의 『신기한 그림 족자』를 가지고 친구들을 만났습니다.

오늘은 전원 출석, 11명의 고학년 아이들이 처음으로 모두 모였어요.

지난 번 『새끼 개』를 읽을 때 책을 들고 옆으로 보여주며 읽다가 팔이 아파 아~주 힘들었던 기억이 있었어요.^^ 그래서 오늘은 책을 책상 위에 펴 놓고 읽었습니다.

남자 친구 둘은 벽에 등을 기대고 듣고, 나머지 여자 친구들은 책상 위에 머리를 모으고 책을 들여다보고, 저는 그 사이에 겨우 끼여 책을 읽었습니다.

몇 장을 넘어가자 남자 친구들까지 고개를 들이미는 바람에 더욱 자리가 좁아졌어요.

　그래도 참 기분 좋은 시간이었습니다.

　"지난 번 새끼 개가 더 불쌍한 것 같아요."

　"어미 개도 죽었으니까 난 똑같이 불쌍해."

　"어미 개는 나이가 들어서 죽은 거지만 새끼 개는 차에 치여 죽었잖아."

　"그리고 어미 개는 할머니가 함께 있을 거지만, 새끼 개는 아무도 같이 없잖아요."

　저희들끼리 짧게 생각 나누기도 합니다.

　『신기한 그림 족자』는 남자 친구들이 더 좋아했어요.

　그리고 첫번째 시간에 함께 보았던 『가시내』를 다시 읽었습니다.

　그때 6학년 세○가 심통이 나서 선생님께 혼이 나는 바람에 함께 못 본 책인데, 지난 시간에 다시 보고 싶다고 특별히 부탁해 가져간 책입니다.

　"선생님, 그 얘기 진짜예요?" 세○는 이렇게 말문을 열었습니다.

　저한테 처음 마음을 연 것이고, 책하고도 처음으로 마음을 열었다고 생각됩니다.

　까칠한 모습이 얼마나 오래갈지 마음을 졸였는데, 첫 반응이어서 너무 기뻤습니다.

　그러고는 부탁할 게 있답니다.

다음 주에는 고양이가 나오는 그림책들을 보여 달라구요.

『고양이를 부탁해』, 『달을 먹은 아기 고양이』, 그리고 또 뭐가 있더라, 빠르게 머리를 굴리면서 그러겠다고 얼른 약속을 했습니다.

지난 달 처음으로 이곳에 왔던 날, 고집을 피우다 선생님께 심하게 혼이 났던 그 아이가 바로 세○잖아요. 혹시 그 일로 마음을 닫아버리면 어쩌나, 이 친구랑 관계 맺기가 쉽지는 않겠다, 하고 생각하며 늘 조심스러웠어요. 그런데 어느새 이렇게 순하고 예쁘게 함께하고 있다는 사실이 너무 고맙고 다행스러웠습니다. 오늘도 공부방 선생님께서 무슨 말을 꺼내지 않을까 걱정을 하며 갔는데, 별 말씀이 없었어요.

그리고 조금 전 8시 38분에 휴대전화로 문자 한 통을 받았습니다.

'쌤 저 세○예요. 저 다음 주 못 봐요. 수학여행이에요ㅋ. 고양이 책 그담 주에 가져오세요.'

… 저 지금 행복해요….

아이들이 밝은 꿈만 꾸기를

· 읽은 이 : 박경옥 (포항지회)
· 읽은 날 : 2010년 2월 11일
· 읽은 곳 : 포항 바다솔 지역아동센터
· 들은 이 : 초등학생
· 읽은 책 : 『옛이야기, 열려라! 문』, 『까마귀 소년』

바다솔이 환하게 바뀌었다. 하성○ 센터장님이 5년 동안 센터 일을 하다가 김경○ 센터장에게 보직을 물려주며 커다란 선물을 주고 가셨다. 앉은뱅이 상에서 공부하고 간식 먹고 했는데 알록달록 땅콩 모양 책상으로 바꾸어 주셨다. 의자도 튼튼해 보이고. 밝은 새 책상이 들어오니 아이들 얼굴에도 무지개가 떴다. 전체 공간 재배치한다고 정신이 없었다. 봉사활동 나온 중학생들이 책상 나르고 컴퓨터 옮기고 난리가 났다. 그냥 한두 시간 개기면 네 시간 처리해 줄 줄 알았는데 녀석들 딱 걸렸다. 그런데 잘생긴 얼굴이 하나 눈에 띄었다. 자세히 보니 현○이다. 초등학생 때부터 다니던 바다솔 원년 멤버다! 푸하하, 호리호리하던 녀석이 훈남이 되어 나타났다. "현○아, 선생님 기억나나?" 하니까 "당연하죠." 하며 씨익 웃는다. 컸다. 자랐다 현○이가. 누구보다 앞서서 책상을 나르고 친구들한테 이것저것 가르쳐 준다. 내가 왜 뭉클해지던지. 열두 아이를 데리고 작은 도서실 방에 들어갔다. 정○이가 피아노 의자를 들고왔다. 그런데 오늘따라 정○이 표정이 어둡다. 왜일까?

먼저 옛날이야기를 들려줬다. 오전에 부서에서 창피를 당한지라 들어가기 전에 다시 한번 외우고 갔다. 아이들은 무서운 이야기를 듣고 싶단다. 불도 끄자고 한다. 한 놈이 낼름 일어나 불을 꺼버렸다. "옛날에 주둥이 댓 발, 허리 댓 발, 꽁지 댓 발, 열댓 발 되는 새가 살았는데에~" 한참 이야기를 다 하고 나니까 지○이가 "아빠는 어떻게 되었는데요?" 한다. 옛이야기가 끝나면 그냥 끝났다고만 생각했는데 미처 그런 질문을 던질 거라고 생각을 못했다. 그래서 그냥 "몰라. 어떻게 되었을 거 같니?" 하니까 한 아이가 "잘 먹고 잘 살았겠죠." 한다. "그래~"

들고 간 『열려라! 문』을 읽어주었다. 시시해했다. 읽어주는 내용은 시시한데 배경으로 나오는 그림을 보고 이야기를 스스로 만들어야 재밌는 책인데 앞에 앉은 아이들은 야, 뭐가 뭐한다 웃다가 하는데 뒤에 앉은 아이들은 영 재미없어했다. 다음 『까마귀 소년』을 읽어주었다. 바로 "거지 같다.", "왕따다." 하며 수근수근거렸다. 학예회 장면에서 조용해졌다. 책장을 덮고 우리도 이 아이처럼 눈을 뜨고 귀를 열어보면 새로운 것이 들리고 보인다고 하자 자기는 눈도 뜨고 있고 잘 들린다고 한다. 그냥 웃었다. 고양이나 개 소리를 한번 내보자고 했다. "강아지가 낯선 사람보고 짖는 소리?" 하니까 예ㅇ가 소리를 냈다. 제법 그럴싸하다. "그럼 큰 개가 아파서 내는 소리는?" 하니까 다시 예ㅇ가 소리를 내는데 여전히 사나움이 묻어있다. "에이, 예ㅇ 좋아서 내는 소리는 어떨까?" 하니까 또 그럴싸하게 소리를 낸다. 이쁜 얼굴에 개 소리도 여러 가지 잘 낸다. 다 읽어주고 난 뒤 정ㅇ이 사연을 듣고 나왔다. 아이들이 새 책상처럼 밝은 꿈을 꾸며 잠들었으면 좋겠다.

걱정 반, 기대 반의 명도학교에서 책읽어주기

· 읽은 이 : 장성아 (포항지회)
· 읽은 날 : 2011년 4월 16일
· 읽은 곳 : 포항 명도학교
· 들은 이 : 중등장애학생
· 읽은 책 : 『팥죽 할머니와 호랑이』, 『아기곰의 가을 나들이』, 『구름빵』

　　명도학교 첫 날. 걱정 반, 기대 반. 모두 11반이나 신청했는데 세 사람밖에 없어 뽑기를 하셨다고 하니 안타깝다. 새내기 회원과 나는 중3 2학급, 고3 1학급은 베테랑 회원이 맡았다. 도서관에서 담당 선생님의 친절한 설명(이 아이는 이렇고, 저 아이는 저렇고…)을 듣고 반으로 들어갔다. 내가 들어간 3-3반, 5명의 아이들과 푸근한 인상의 김정ㅇ 선생님, 자원봉사자 한 분, 뒷자리 책상에 앉아있는 덩치 큰 남자. 단촐했다. 책읽기로는 딱 좋은 인원이다. 동그랗게 모여 앉은 책상 맨 앞에 자리를 잡고 내 소개부터 하니 반짝반짝 눈을 맞추는 여자아이 하나(선ㅇ), 웃다가 뚱하다 딴 데 보는 남자애(재ㅇ이), 좀 보다 얼굴 돌리는 여자애(주ㅇ). 순해 보이는 딱 중학생 남자아이(재ㅇ), 그리고 휠체어에

턱받이를 하고 앉았지만 계속 잘 웃는 남자애 하나. 이런 곳에서는 평소 읽는 속도의 1.5배~2배 정도로 느리게 읽어주라는 말에 『아기곰의 가을 나들이』부터 시작하려고 했는데, 세 권을 보여주고 고르라고 하니 『팥죽 할머니와 호랑이』를 골랐다. 아이들 반응을 보느라 눈을 이리저리 맞추면서 읽기 시작했다. 천천히 읽으면서 나름 아이들의 반응을 좀 더 이끌어내려고 용을 쓰다 보니 평소보다 좀 동화구연스럽게 된다. '어흥~' 소리도, 털썩, 콩콩 하는 소리말에는 팔도 쓰고, 엉덩이도 들썩거리면서 용을 썼다. 흐흐. 선ㅇ가 끝까지 잘 들어주었다. 주ㅇ이는 듣다 말고 "어~어~어." 소리를 크게 내더니 거울 앞에서 혼자 막춤. 아무도, 아무 반응도 없을까 봐 너무 걱정을 많이 했나. 이 정도면 너무 만족스럽다. 기분이 좋다.

한 권 읽으니 11시 15분. 15분이 후딱 지났다. 아이들이 힘들어하지 않을까 걱정되어 선생님께 물어보니 괜찮단다. 『구름빵』, 『아기곰의 가을 나들이』 2권을 들고 뭘 먼저 읽을까, 하니 재ㅇ이는 『아기곰의 가을 나들이』, 선ㅇ는 『구름빵』. 가위바위보로 정하라고 하니 잘 한다. 그래서 『구름빵』 먼저. 제목 보고 속표지를 펼쳐보이면서 뭐 같아? 하니 하늘, 무슨 하늘? 꺼무스레한 하늘. 뭐 오는 거 같지? 비! 책을 다 읽는 동안 주ㅇ이는 아예 엎드려 미동도 하지 않고, 휠체어 탄 아이는 바람 쐬러 나가고, 재ㅇ는 딴 데 보다가 눈이 마주치면 웃는다. 맨 뒤 책상에 홀로 앉아있던 남자애가 의자를 끌고 조심스럽게 와서 앉는다. 조금 더 흐뭇^^! 『구름빵』을 다 읽고 뒷표지를 넘기니 다시 하늘. 하늘이 어떻게 됐지? 맑아졌다. 몇 번을 봤으면서도 오늘 처음 알았다. ㅠㅠ 2권이면 충분할 줄 알았는데 『아기곰의 가을 나들이』까지 다 읽어주었다. 중간중간 질문도 던지고, 천천히 읽는다고 했는데 3권이나. 다 읽고 나니 30분. 선생님이 목 아프시지 않느냐고 하셨다.

　"아이들이 너무 힘들지 않나요? 보통 아이들도 2권 넘어가면 지루해하는데요."라고 했더니 선생님이 우리 아이들은 말 많이 하는 것 좋아한다며 너무 천천히 읽지 않으셔도 되고, 중간중간 얘기도 해 달라신다. 그제야 마음 속으로 '휴~~' 하고 안도의 숨을 내쉴 수 있었다. "오늘 재밌었어요? 다음에 또 올까요?" 하니 재ㅇ이가 씩씩하게 '네!' 해준다. 고맙다. 그리고 늦게 의자를 당겨 들은 덩치 큰 남자애 잠바에 '공익' 이라고 쓰인 글자가 보였다. 아이고 난 그 반 학생인 줄 알았다. 미안하기도 하고, 웃기기도 하고. 식사도 하고 가라시길래 사양 않고 식당으로 갔다. 아이들 수만큼이나 많은 자원봉사자 어른들. 밥 먹을 때도 누군가의 손이 필요한 아이들이 참 많았다. 열한 반이나 책읽기를 신청했다는 선생님 말씀이 걸린다. 분위기 좋은 명도학교에서 함께 책 읽을 분들을 더 찾아봐야겠다.^^

144

자리와 분위기에 따라 재미가 달라진다

· 읽은 이 : 문승자 (경산지회)
· 읽은 날 : 2011년 4월 29일
· 읽은 곳 : 경산 아가페 지역아동센터
· 들은 이 : 초등학생
· 읽은 책 : 『마녀 위니』, 『다시 날다』, 『옛이야기 - 천년 묵은 지네』

　아이들 이름 외우는 건 참 어려워. 애정이 좀 부족하나? 만나면 다정하게 이름을 불러주는 게 참 좋은데 격주로 가니 입에 착 안 붙는다. 오늘도 책을 준비해 도착하니 도○와 고○이가 반갑게 놀다 들어온다. 걔들은 이름을 기억했다고 자신있게 "고○아, 도○야!" 하니 "뭐요? 도○요? 나 도○인데…" 그런다. 내가 도○를 복숭아라고 기억을 했더만 우째 복숭아꽃이 되어버렸네. 다음이면 둘은 확실히 기억했고 그런데 오늘 네 명의 친구들을 새로 만난 거다. 노란 은○, 서울말씨 쓰는 혜○, 남자 친구 범○, 책 한 권만 들고 간 남자 친구 희○. 담에 만나면 기억하려나 모르겠다. 가는 길에 수첩에 적힌 이름 외우며 가야겠다. 오늘 분위기 짱이었다.

애들이 좋아하는 새 『마녀 위니』를 도서관에서 발견했다. 책표지에 있는 마녀 위니 그림을 보며 짧은 이야기 나누고 책을 읽어주었다. 그림도 내용도 좋았는지 애들이 내 주변 가까이로 모여들어 둘러싼다. 조금씩 떨어진 게 잘 보인다고 늘 그렇게 읽어주었는데 모여 읽으니 그 분위기도 참 좋다. 글작가가 호주 사람인데 마침 내가 들고 간 다른 책이 호주에 관한 이야기라 좀 더 유도하기 좋았다.

옛이야기 그림책, 옛이야기 듣기 선택하라 했더니 듣겠단다. "무서운 이야기!!"라고 외치길래 분위기라도 만들려고 형광등을 끄고 빙 둘러 모여 소근소근 들려줬다. 신입맞이 오티 때보다 더 진지하게 들었다. 어떻게 자리를 배치하고 어떤 분위기를 만드느냐 따라 재미가 달라질 수도 있다는 걸 오늘 깨달았다. 오는 길 뿌듯뿌듯.

눈 깜짝할 새 시간은 지나간다

· 읽은 이 : 남옥희 (포항지회)
· 읽은 날 : 2011년 3월 15일
· 읽은 곳 : 포항 영일공공도서관
· 들은 이 : 유아
· 읽은 책 :『꼬마구름 파랑이』,『장갑』

날씨가 차가워졌다. 꽃샘추위라고 하나? 도서관 책읽어주기 방에 들어서니 오늘은 우○이가 먼저 와서 놀고 있다. 한번 안아주고 언제 왔냐고 물으니 "엄마하고 일찍 왔어요." 한다. 우○이 어머니는 열람실에 가셨는지 안 보인다. 우○이는 잠시도 가만히 있지 않는다. 사서 선생님이 보일러 틀어주려고 오셨다가 우○이한테 이것저것 하지 말라고 말씀하신다. 책꽂이에서 뛰어 내리고, 작은 의자를 이리저리 끌고 다니고, 작은 인형들을 던지고. 아이고, 마치 자기 집인 듯. 우○이를 붙잡아 꼭 끌어안고 얘기를 한다. 그동안 윤○가 왔다. 키는 일곱 살 정도, 진즉 나이는 다섯 살, 볼록한 배를 보고 "윤○ 어린이집에서 점심 뭐 먹었어요?" 물으니 "윤○ 안 먹었어요." 한다. 옆에 계시던 윤ㅇ 엄마가 "선생님, 윤ㅇ 배 보세요. 안 먹었는지." ㅎㅎㅎ 그리고 예ㅇ이가 왔다. 오자마자 "이제 서ㅇ이 하고 안 놀 거예요. 머리 때리고, 밀고, 그래요." 하고 눈물을 글썽인다. 아이구, 친구 때문에 힘들었나 보다. 꼭 안아주었다. 재잘재잘, 쫑알쫑알 그 작은 입으로 할 말들이 많다. 서로 자기 얘기를 하려고 "선생님, 선생님." 부른다. 말하는 아이와 눈을 맞추고 이야기를 들어준다. 그러면 기다렸다가 이야기를 한다. 너무 귀엽다. 나한테 에너지가 팍팍 오는 것을 느낀다.

『꼬마 구름 파랑이』

"파랑색이 어딨을까?" 여기요, 여기요 하며 옷을 들추어 내복을 보여주고 신발을 들고 오고 선생님 이름표에 달린 목줄을 찾고, 책읽기방의 천장을 가리키고, 우ㅇ이는 흥분해서 이리저리 뛴다. '괜히 물었나?' 겨우 아이들을 자리에 앉게 하고 책을 읽었다. 아롱아롱 듣는다. '뭘 아는 건지?' 그림만으로도 편안히 볼 수 있는 책이다. 우ㅇ이가 "파랑이가 비를 다 줘서 쪼꼬매졌어요." 한다. 아이구 기특해라. 그런 게 보였구나?

『장갑』

"~~예요, 들어갈게." 하는 장면에서 아이들이 어떤 대답을 할지가 궁금해서 묻는다. 윤ㅇ는 "모두 들어와." 하고 우ㅇ이와 예ㅇ이는 "안 돼.", "너무 커.", "못 들어와." 여러 가지로 대답해 준다. 재밌다. 책을 다 읽고 나니 "마술이다." 한다. 요 조그만 녀석들이 그런 말도 아는 게 신기하다. 요즘 아이들이란…ㅎㅎ

준비한 책을 다 읽고 나니 알아서 책을 한 권씩 골라 온다. 누구 먼저 읽을지 가위, 바위, 보 하자니 조막손을 흔들며 한다.(잉? 이런 것도 알고 있나? 참 요즘 아이들은…) 윤○가 세 번째고, 예○이, 우○이 순서다. 악~ 예○이 우○이 둘 다 『뽀로로』를 가져왔다. 에디, 크롱, 루피, 또 얼마나 누가 누군지 헛갈려 말할지? 아이들 앞에서 난처하다. 아이구, 제대로 읽고 이름을 외우든지 해야지 원~ 이 책을 모든 아이들이 좋아하는 까닭은 책을 보며 활동을 할 수 있는 점이다. 숨어 있는 친구들을 들춰보며 찾는 재미, 시계를 돌려가며 맞추는 재미, 아이구~ 정신없이 두 권을 보고나니 헉~ 윤○가 가져온 책도 활동하는 책이다. 제목은 생각 안 나는데 책 가운데 주둥이가 달려있어 손을 넣어서 책장을 넘기며 입을 쫙 벌리는 거다. 내가 한번 하고 나니 윽~ 잘못했다. 아이들도 서로 해 보겠다고 해서 줬더니 소리 지르고, 잡으러 가고, 뛰어 다니고, 우리는 재미있었는데 도서관 열람실은 많이 시끄러웠겠다. 아차 싶어 한 번씩만 해 보게 하고 얼른 멈추었다. 마치고 나올 때 사서 선생님은 멋쩍은 표정이었고 엄마들은 "선생님 아이들하고 잘 놀아주셔서 고맙습니다." 한다. ㅎㅎ

매주 오던 유○가 안 와서 무슨 일인가 싶다. 오늘은 아이들 수가 적어 신나게 놀았다. 눈 깜짝할 새 한 시간이 지났다.

책읽어주기, 잊지 못할 감동의 시간

· 읽은 이 : 남옥희(포항지회)
· 읽은 날 : 2011년 3월 30일
· 읽은 곳 : 포항 영일공공도서관
· 들은 이 : 유아
· 읽은 책 :『도대체 그 동안 무슨 일이 일어났을까?』,『도깨비를 빨아버린
　　　　　 우리 엄마』

　조금 일찍 도서관으로 갔다. 2시 40분이 되니 여자아이 하나가 온
다. 엄마랑 와서 엄마가 4시까지 있으라고 하고 가신다. 아이는 억지
로 온 거 같다. 여덟 살, 덩치가 또래보다 크다. 화○이다. 친구들이
싸워서 학교는 싫단다. 감기로 내 목소리가 영 아니여서 화○이 보고
책 좀 읽어달라고 하니 책 한 권을 빼서 읽어준다. 더듬거리며, 작은
목소리로, 얼버무리며 읽는 모습이 예쁘다. 3시가 되니 반가운 얼굴,
유○가 왔다. 두 주 동안 안 와서 보고 싶었는데. 왜 안 왔냐고 했더니
"잊어버렸어요." 한다. 머리를 짧게 잘라서 더 귀여워 보인다. 예○이
도 좀 풀 죽은 모습으로 들어온다. 한번 꼭 안아준다. 예○이가 나를.
늘 오던 친구 윤○가 안 온다. 우리끼리 시작한다. 책을 꺼내 읽으려

니 화○이가 키 대기 그림판에 가서 키를 맞춘다. 예○이도 유○도. 나도 가서 키 대보기 한다. 용만큼, 소만큼, 뱀만큼.

화○이가 놀이방에 있는 인형 통을 내려달라고 그런다. 오랜만에 인형을 내렸다. 하나씩 고른다. 예○이는 핑크, 유○는 코끼리, 화○이는 원숭이, 나는 노랑이. 인형을 손에 끼고 인형 목소리로 얘기를 한다. 원숭이가 먹을 게 없어서 힘이 없다고 그런다. "우리 원숭이가 좋아하는 바나나 주자. 바나나 나오는 책 찾아보자." 아이들이 사방의 책꽂이로 간다. 화○이가 찾았다고 소리쳤는데 아니었다. 내가 얼른 책을 찾아내서 바나나 그림을 펼쳤다. 화○이 원숭이가 와서 와락와락 먹는다. 예○이 핑크도, 유○ 코끼리도. 그러다 숨바꼭질을 하자고 한다. 지금 책읽기 시간인데? 하다가 숨바꼭질 하고 싶은 사람? 하고 물었더니 셋이서 손을 들고 펄쩍펄쩍 뛴다. 우리가 숨는 대신 인형을 숨기기로 했다. 술래를 정해서 예○이가 됐는데 인상을 찌푸리고 안 한다고 해서 내가 술래 했다. "꼭꼭 숨어라, 됐나?", "아~ 직.", "됐나?", "아~~~~~직", "다섯 세고 찾는다. 하나, 둘, 셋, 네, 다섯."

예○이 핑크는 잠바로 덮어 숨겨 두었고, 화○이 원숭이는 의자 뒤에 숨었고, 유○ 코끼리는 책장 사이에 숨었다. 다 찾아내서 다시 했다. 유○가 술래다. 예○이도 술래 한다. 신나게 놀았다. 아 참 책 읽어야지! 아이들이 놀기를 양보해 준다. 기특하다. 『도대체 그 동안 무슨 일이 일어났을까』를 막 읽기 시작하는데 은향 씨네 아이들과 그 친구들 두 명이 더 왔다. 모두 1학년이다. 화진이와 또래들이다. 이 참견,

저 참견 하면서 책을 다 읽었다. 정말 재밌어한다. 다음으로 『도깨비를 빨아버린 우리 엄마』를 꺼냈다. 아이들이 많으니 내 목소리도 커진다. 완전 빠져서 읽었다. 빨랫줄에 널린 게 뭐가 있는지 아이들에게 하나씩 짚으며 말해보게 했다. 재밌어한다. 도깨비가 가득 그려진 그림에서 유O가 완전 놀란다. "엄마가 다 빨 수 있을까?", "네~~" 안된다는 친구가 하나도 없다. "너희는 뭘 빨아버리고 싶니?", "엄마요, 집요, 학교요, 가방요…"

그러는 중에 화O이가 책을 읽어주겠다고 한 권을 가져 온다. 자기가 알고 있는 책인가 보다. 읽기 전에 "만져 봐도 됩니다." 한다. 그리고 웅알웅알 글을 읽는 듯하더니 반짝이 부분을 만져 볼 수 있게 아이들에게 내민다. 너도, 나도 서로 만져 본다. 그리고 얼른 책장을 넘겨서 "다 읽었다." 한다. 책을 들고 있는 게 힘든가 보다. 그때 예O이도 책 읽어 준다고 어느새 한 권을 찾아서 들고 있다. 예O이가 좋아하는 『뽀로로』다. 손바닥만 한 책을 들고 일어난다. 내가 책을 들어주니 글자를 짚어가며 읽는다. "뽀로로가 공을 가지고 있어요.", "에디가 물방울을 불어요.", "포비가 훌라후프를 돌려요." 글자를 아는 언니야들이 우스워서 자지러진다. 다섯 살 예O이가 진지하게 책을 읽어주는 모습에 엄마들도 놀라서 탄성을 지른다. 정말정말정말정말 예쁘다. 내 속에서 엔돌핀이 팍팍 솟는다. 어쩜 그렇게 딱 맞게 읽어주는지… 그 감격, 장면을 말로는 표현할 수 없겠다. 너도 나도 책 읽어주겠다고 한다. 벌써 4시다. 분위기 오른 친구들에게 시간이 다 됐다고 하는 것이 마땅찮은 일이기는 하겠지만 다음 시간을 약속하고 정리를 했다. 잊지 못할 시간이었다. 책읽어주기 몇 해 동안 이런 감동이 얼마나 더 기다리고 있을까? 정신없이 놀았다. 신나게.

환자들의 병원 생활에 활력을 주는 책읽어주기

· 읽은 이 : 이양미 (대구지회)
· 읽은 날 : 2012년 4월 25일
· 읽은 곳 : 대구 보훈병원
· 들은 이 : 환자, 보호자, 공익요원, 인턴복지사, 간병인
· 읽은 책 : 『운수 좋은 날』, 『신기한 새집 이야기』

선거가 있어 중간에 한 번을 뺐더니 아주 오랜만인 듯하다. 어젯밤 『사랑방 손님과 어머니』와 『운수 좋은 날』 두 작품을 읽어보았다. 그러다 『운수 좋은 날』로 선택하고 과학목록팀에서 보고 있던 『신기한 새집 이야기』 책도 준비해 갔다.

늘 꾸준히 오며 즐겨 듣던 20대 남자분이 갑자기 폐렴이 와서 큰 병원으로 갔다 하고 두 분의 환자로 시작하는데 두 분이 더 오셨다. 인력거 김 첨지가 운 좋게 손님을 태우는 건 좋은데 병든 아내의 뺨을 후려치고 욕지거리를 하는 부분을 어른들 앞에서 읽으려니 약간 머뭇거려졌다.

오라질년이니, 지랄병 한다느니… 맘에 없는 소리를 해대기는 하지만 암튼, 약간 편하질 못했지만 그대로 읽어드렸다. 고개를 들지 못하고 글만 읽었다. 한참을 고개 숙여 읽고 있는데 간병인과 인턴 복지사님의 '키득키득' 소리에 고개를 드니 모두들 고개를 숙이고 꼬박꼬박 주무시고 계셨다. 모두…

내가 읽기를 멈추고 같이 웃으며 "지루하셔요?" 하니 벌떡 고개를 들고 아니라고 하신다. "원래 책 읽으면 잠 와요." 하고 김 첨지가 세 번째 여인을 태우고 신이 나 하는 장면까지 읽고 담에 읽어 드리기로 했다. 읽어주는 글을 가만히 들으려니 지루한 건 당연하다.

『신기한 새집 이야기』는 일본 작가의 책인데 세계 여러 나라에서 서식하는 새 중에서 특이하게 집을 짓는 새와 집을 보여준다. 정말 특이하고 대단한 새집들을 보니 다들 책을 보신다.

한 분이 내 뒤로 보이는 창문 너머 나무에도 고런 새집이 있어. 하면서 책의 그림을 가리키신다. 일어서서 보니 나무에 새 둥지가 있다. 작은 새의 둥지인데 우리나라에서 흔히 보는 새 둥지지만 새 둥지보다 높은 곳에서 보니 달라 보인다.

"창문을 내려다보면 새 둥지에 새가 잘 보여." 하신다. 오랜 시간 병원에서 생활하신 분에게 병실을 나와 이곳 휴게소는 참 편안한 곳이다. 큰 창문 너머 산이 보이고 나무가 보인다. 햇볕이 드는 날은 아주 따뜻하다.

지루한 병원 생활에 활력을 주는 새 둥지를 지은 새가 새삼 고맙다.

"요즘은 집사람이 밤에 집에서 자고 점심 먹고 나오니 더 지루하네. 시간이…." 하신다.

조금씩 나아지리라

· 읽은 이 : 장재향 (대구지회)
· 읽은 날 : 2012년 4월 18일
· 읽은 곳 : 대구 동촌종합복지관 3층 강의실
· 들은 이 : 초등학생
· 읽은 책 : 『아름다운 책』, 『눈물바다』, 『학교에 간 사자』 중 「무지무지 잘
　　　　　 드는 커다란 가위」, 『엄마의 런닝구』 중 몇 편

　수성도서관 책 토론을 마치고 빨리 움직였다. 30분 간격이기도 하
고 첫날이기도 하고. 매번 그러는 것이 아니라 토론이 있는 한 주만
연달아 있는 일정이라 크게 부담스러운 일정은 아니다. 복지관에 도
착해 복지사 선생님과 인사하고 간단한 이야기를 나누었다. 하게 된
이야기와 어떻게 할지에 대한 이야기들. 이력서 제출과 교육계획서에
대한 부탁도 있었다. 책읽어주기에 함께하는 아이들은 복지관 공부방
(지역아동센타) 아이들과 따로 신청을 받은 아이들이 함께 있다고 했다.
　2층에 있는 새로 만든 작은 도서실(정말 작다^^)을 둘러보고 3층 교
실로 올라갔다. 앉아서 책을 볼 수 있는 방이면 좋겠지만 그냥 강의실
형태다. 아이들은 책상을 두고 앉고 나는 강사처럼 서 있고. 살짝 어

색하긴 했지만 아이들과 인사하고 시작했다. 복지사 선생님이 첫날이라 참관을 하셨다. 궁금하기도 하셨겠고, 아이들이 많이 흐트러질까 봐 걱정하시는 것도 있었다. 아이들과 간단히 인사하면서 학년을 물어보니 2학년에서 6학년까지 다양하다. 책읽기를 즐겨하는 아이는 거의 없고 그나마 조금 읽었다는 아이도 학습만화 등을 이야기한다. 그림책도 거의 읽지 않은 듯했다.

먼저 『아름다운 책』을 읽었다. 앞에 앉은 어린 친구들은 집중해서 잘 듣고 웃기도 한다.

6학년 여자아이 셋은 정말 무표정하게 보는 듯 마는 듯 하고 뒤쪽에 앉은 남자아이 2명은 딴짓을 한다. 하지만 떠들거나 소란스러운 건 아니라서 즐겁게 읽었다. 금방 친해질 순 없으니.

두 번째는 『눈물바다』를 읽었다. 그림이 아주 재미있는 책이라 아이들이 잘 본다.

한 번 읽고 나서 그림책은 그림을 유심히 보아야 한다는 이야기를 하며 그림을 조금 설명해 주었다. 아이들이 앞쪽으로 와서 이것저것 찾아보았다. 어린아이들은 확실히 좋아한다. 아마 학교도서관에 있을 수도 있으니 찾아보는 것도 좋겠다는 이야기도 했다. 이야기하는 중에 학원에 가야 하는 아이가 있어 잠깐의 소란이 있고, 6학년 여자아이들도 잠시 바깥으로 나간다.

아이들이 나가고 책을 읽기 시작하는데 다시 아이들이 들어와 앞부분을 잠깐 이야기하며 계속 읽었다.

『학교에 간 사자』 중에서 「무지무지 잘 드는 커다란 가위」. 아이들이 고학년이라고 해서 동화책을 들고 왔는데 저학년한테는 조금 무리인가 하며 읽었다. 많이 긴 책은 아니지만 집중해서 들어야 하니. 그래도 앞에 앉은 아이들은 신기하게 잘 듣는다. 다 읽고 "너희들은 화나면 어떻게 풀어?" 하는 질문을 던지며 조금 이야기도 나누었다. "발로 벽을 차요." "욕을 해요." "물건을 던져요." "오락을 해요." 하는 아이들의 대답을 들으며 "남도 다치지 않고 자신도 다치지 않는 화풀이 방법을 고민해 보는 게 좋겠다." 하는 이야기도 했다.

마지막으로는 준비해 간 아이들 시집 『엄마의 런닝구』를 보여주며 펼쳐지는 쪽의 시를 소리 내어 읽어보자고 했다. 목소리 듣기 어려운 6학년 여자아이들에게 이야기하니 고개만 돌리고 묵묵부답. 앞쪽의 아이가 "저요 저요." 해서 세 명의 아이가 시를 읽었다. 그래도 큰 목소리로 읽는 아이들이 있어 고마웠다. 책읽기를 끝내고 선생님은 아이들에게 간식을 나눠주셨고 나는 다음 주에 보자며 인사를 했다.

사무실로 내려와서 선생님이랑 잠시 이야기를 나누었다. 아이들이 제대로 집중하지 않아 속상하셨나 보다. 지역아동센터에서 흔하게 있는 일이니 걱정하지 마시라고 했다. 책읽기나 다른 수업보다 당연히 노는 걸 좋아한다는 이야기도 했고. 선생님은 아이들에게 해주고 싶은 의욕이 많으신 것 같다. 아이들이 잘 따라와 주지 않아 속상한 것 같기도 하고. 아이들을 위해 노력하는 선생님의 모습이 보기 좋았다. 조금씩 조금씩 나아지리라 생각한다.

책읽어주기 시간이 길어서 집중력이 떨어지는 것 같다 하서서 40분 정도 하고 시간을 조정해 보자는 이야기도 했다. 한 달에 한 번 정도는 활동을 했으면 하고 원하서서 고민해 보겠다고 말씀드렸다. 이야기를 하고 복지관을 나서니 벌써 6시다. 걱정한 것보다는 나쁘지 않은 분위기라 마음이 놓인다.

사람의 마음을 흔들어놓는 책읽어주기

· 읽은 이 : 박금자 (영천지회)
· 읽은 때 : 2011년~2012년
· 읽은 곳 : 영천 영남대학교병원 어르신병동과 소아병동
· 들은 이 : 어르신병동과 소아병동의 환자분
· 읽은 책 : 『방귀쟁이 며느리』, 『가을이네 장 담그기』, 『아씨방 일곱동무』,
　　　　　『입이 큰 개구리』

　　2011년부터 2년째 영천 영대병원에 있는 어르신병동과 소아병동
에서 책을 읽어 주고 있다. 월요일 병원에 도착해서 병원로비에서 한
잔의 커피를 마시며 아직 일요일의 쉼에서 벗어나지 못해 찌뿌둥한
마음을 떨쳐버린다. 병원로비에서 차를 무료로 서비스해 주시는 분들
도 여기에서 봉사를 하시는 분들이다. 그분들은 벌써 3년이 넘게 봉
사를 하셨단다. 봉사란 꼭 돈이 있어야 하고 능력이 있어야 하는 것은
아니다. 마음만 있으면 누구든지 어디서든지 마음을 나눌 수 있다는
생각에 그분들이 우러러 뵌다.

　　나는 2011년 3월부터 책읽어주기를 하고 있으니 아직 햇병아리이
다. 처음 시작할 때는 박영임 씨랑 같이 책을 읽어주기로 했다. 그런

데 영임 씨가 개인적인 사정으로 못 하게 되어서 나 혼자 영대병원의 책읽어주기를 맡았다. 특별한 일이 있을 때는 최은영 씨가 나의 든든한 도움처다.

오전 11시부터 어르신병동의 책읽기를 시작해서 30~40분 정도 어르신들께 책을 읽어드린다.

가장 인기가 있는 책은 뭐니 뭐니 해도 옛날이야기 책이다.

『방귀쟁이 며느리』 책을 읽어드리면 책 읽는 도중에 꼬부라진 손으로 박수를 쳐주시기도 하고 웃기도 하신다. 그리고 언제나 옛날이야기에서 착한 주인공 편을 들어 주시는 그분들의 마음씀씀이가 정말 어린아이 같다는 생각도 든다.

『가을이네 장 담그기』를 읽어드리면 요즘 며느리들이 장 담글 줄 모른다고 모두들 걱정이 태산이다. 그리고 장 담그는 모습을 그림으로 너무 잘 그렸다면서 요즈음은 그림책도 너무 잘 나온다고 하신다.

권정생 선생님의 『강아지똥』을 들으신 어르신들은 감자꽃이 흰색과 보라색이 있는데 보라색은 자주감자라고 이야기하신다. 그러다 보면 감자꽃 이야기가 길어져 분위기가 흐트러질 때도 있다.

『아씨방 일곱 동무』도 어르신들이 좋아하는 책 중의 하나다. 인두와 다림질의 용도에 대해 내가 궁금해하자 열심히 할머니들은 이야기해 주신다. 역시 예전에 한 바느질하시던 할머니들이다.

매주 책읽어주기를 기다리는 어르신들이 있어 책 고르는 것에 고민도 하고 미리 책을 읽고 준비한다. 혼자서 책읽어주기를 하다 보면 가끔은 같이 책을 읽어주는 우리 회원이 한 명 더 있으면 더 많은 책을 읽어드리고 그리고 다른 느낌으로 책을 읽어줄 수 있을 텐데 하는 아쉬움도 있다.

소아병동은 언제나 우는 아이, 퇴원하는 아이, 열이 많이 나서 갓 입원한 아이들로 붐빈다.

그래서인지 어린이도서연구회 영천지회에서 친구들에게 "책 읽어주러 왔어요." 인사를 해도 반응이 썰렁할 때도 있다.

처음에는 어떤 책을 골라야 할까 고민을 많이 했는데 요즈음에는 흥미롭고 재미있고 짧은 책들을 주로 고른다. 처음 분위기를 잡기 위해서는 팝업 책을 많이 고른다. 『입이 큰 개구리』처럼 입을 크게 벌리며 나는 입이 큰 개구리예요 하면 짜증 내는 아이들도 하나둘씩 모여든다. 그런 다음 분위가 잡혔을 때 『망태할아버지가 온다』, 『석수쟁이 아들』, 『점』 등 다양한 책으로 나간다.

소아병동은 처음에 분위기를 잡기 힘이 들지만 그만큼 보람을 느끼는 곳이기도 하다. 내 딸들이 5살 전까지는 거의 병원에 살다시피 한 경험을 한 적이 있는지라 엄마의 마음에서 보면 한없이 안쓰럽다.

힘들고 지겹고 아픈 병원 생활을 할 때 그때 우리 아이들에게 책을 읽어주는 사람들이 있었으면 좋았을 텐데 하는 생각도 해본다.

1시간의 책읽기를 끝내고 나면 나는 내가 자랑스럽다. 그리고 이분들로 인해 오늘도 활기차게 하루를 시작하고 오늘도 건강하게 하루를 보낸다는 것에 감사를 드린다. 늘 집에 오는 길에 느끼는 것이지만 많은 것을 얻어가지고 오는 것 같다.

오늘 어르신들과 아이들을 위해 어떤 책을 읽어 줄까? 이 책에는 어떤 내용이 있을까? 여기에는 어떻게 읽어 주면 힘든 그들의 하루에 활력소가 될까를 생각해 본다.

책읽어주기의 힘! 책읽어주기를 해본 사람만이 안다.

가장 기본이면서도 가장 크게 사람의 마음을 흔들어놓는다는 것을….

저기 책 많이 있는데…

· 읽은 이 : 강민옥 (포항지회)
· 읽은 날 : 2013년 1월 16일
· 읽은 곳 : 포항시 장애인 종합복지관
· 들은 이 : 장애인
· 읽은 책 : 『열두 띠 이야기』, 『황소아저씨』

방학인 큰아이를 집에 홀로 두고 나오는데 이것저것 준비하고 당부할 것이 많아서인지 조금 늦게 나왔다. 새해 들어 처음으로 가는 책 읽어주기 시간에 10여 분 지각을 하고 말았다. (장애인복지관은 책읽어주기 방학을 1월 2일, 9일 진행함) 미안한 마음을 웃는 얼굴로 "좀 늦었지만 새해 복 많이 받으세요…."라는 말로 대신했다. 너그러우신 분들, 이해해 주셨으리라.^^ 먼저 새해라는 말을 꺼내면서 올해가 어떤 띠의 해인지에 대해 질문해 보았다. 그리고 자신의 띠가 무엇인지에 대해서도 물어 보았다.

첫 모둠 ―

오늘 단기보호반의 일일반장 상민 씨가 내가 무안하지 않도록 조용한 목소리로 대답을 해준다. "돼지띠예요.", "아, 그래요. 저는 용띠예요. 그런데 이런 띠는 어떻게 생겨났을까요?" 하면서 『열두 띠 이야기』를 읽었다.

두 번째 모둠 ―

주간보호반의 새로운 얼굴의 여성분이 서슴없이 대답해 주신다. "범띠예요.", "아 호랑이띠요.", "아니요. 범띠예요.", "^^ 아, 그래요. 저는 용띠예요. 그런데 이런 띠는 어떻게 생겨났을까요?" 하면서 『열두 띠 이야기』를 읽었다. 조금 긴 이야기에 소란스러움도 조금 있기는 했지만 두 모둠 다 잘 들어 주신다.

첫 모둠의 종ㅇ 씨는 오랜만의 책읽기여서일까? 아주 적극적으로 책 가까이 다가와 손으로 그림들 위에 그려가며 책읽기를 즐기신다. 의자에서 엉덩이까지 떼어가면서. 그 모습이 흐뭇하고 예쁘다. 손에 글자가 가려져서 읽을 때 불편하기도 했지만 이리저리 눈을 굴려가며 잘 읽어낸 나에게도 칭찬을 보낸다. 요즘은 그곳 선생님들께서 더 재미있게 들어주시고 호응해 주신다. 고마운 일이다.^^

두 번째 모둠의 범띠 여성분은 두 권을 다 읽고 인사하자, "벌써 끝이에요?" 하신다. "네. 오늘 책을 두 권 가지고 왔는데 다 읽었어요."

하니, 서랍장을 가리키며 "저기 책 많이 있는데." 하시며 아쉬워하신다. "다음번에 책 또 더 읽어 드릴게요." 하고 일어섰다.

　담당자분이 바뀌었는데 책읽어주기 할 때마다 조용하게 잘 동참해 주시던 젊고 인상 좋으신 여선생님이었다. 인사 나누고 연락처를 주고받는데 범띠 여성분이 다가와 말을 건네신다. "내일 또 와요?" "아니요. 다음 주 수요일에 와요. 일주일 뒤에요." "네." 하신다. 다음 주에는 책 한 권을 덤으로 더 가져가야겠다. 범띠 여성분을 위해. 그리고 다른 분들을 위해.

봄은 내 마음에 쏙쏙 박힌다

· 읽은 이 : 강민옥 (포항지회)
· 읽은 날 : 2013년 3월 20일
· 읽은 곳 : 포항시 장애인 종합복지관
· 들은 이 : 장애인
· 읽은 책 : 『아기 너구리네 봄맞이』, 『개구쟁이 해리:목욕은 정말 싫어요』

하늘이 잔뜩 찌뿌드드하다. 산수유도 피고 매화도 피고 목련도 이제 막 봉우리에서 터지려는데 그리고 먼 산에는 진분홍색 진달래가 피는데 강원도 쪽엔 3월에 눈이 내리고 이곳 포항은 비가 흩날린다. 옷 속을 파고드는 차가움이 있었지만 겨울옷은 벗어던지고 가볍게 입고 가벼운 마음으로 복지관으로 향한다.

봄 이야기를 꺼내며 『아기 너구리네 봄맞이』를 읽고 개구쟁이 해리 시리즈 중 『목욕은 정말 싫어요』를 읽었다. 『아기 너구리네 봄맞이』를 읽을 때 아주 편하게 책상에 한 팔 길게 펴고 눈을 감는 육○ 씨….^^ 복지관 선생님께서 깨우신다. "괜찮아요. 제가 책 읽는 소리가 자장가 같은가 봐요." 정말 괜찮았다. 지루함이었든 아님 편안함이었든. 책 읽는 도중에 책을 탐하시는 분을 위해 책읽어주기 전에 그분에게 먼저 책을 보여드리는데 오늘은 그걸로도 만족이 되지 않으셨나?^^ 『아기 너구리네 봄맞이』를 읽는 도중에 책을 가져가서 순간 당황했다.ㅋㅋㅋ 얼른 읽고 다시 드렸다. 충~~~~~~~~~~~~~~~~~분히 보시라고.^^

우리 회 책읽어주기와 오랜 시간 함께하신 한 분. 아직도 이름이.^^ 굳이 이름을 외우려 들지 않아서일까? 아님 정보가 없어서일까? 그냥 늘 조용히 무릎 꿇고 앉아, 나와 시선 한번 마주치지 않으시는 천진한 웃음을 가진 분이 책을 다 읽고 나자 내 근처로 오신다. 그러고는 다시 제자리로. 선생님 말씀으로는 인사를 하고 싶어 하시는 것 같다고. 그래서 내가 다가갔다. 악수하자 해도 얼굴 빨개지며 탁자에 얼굴을 묻는다. 그 마음이 이뻐 그분 뒤에서 등을 살포시 만져주었다. 따뜻했다. 내 마음도 그리고 그분의 마음도 그랬으리라.^^

두 번째 모둠으로 갈 때 자동문도 열어주시고 두 번째 모둠의 문을 노크하고 열어주시며 나를 안내해주시는 맘씨 좋은 분. 내가 두 번째 모둠 책 읽어주고 나오니 바깥에서 자동문을 열어주신다. 그 마음이 너무 고마워 엄청 신나게 인사했다. "고마워요. 점심 맛있게 드세요." 하늘은 찌푸려져 있지만 내 맘은 맑음이다. 이어폰 귀에 꽂고 버스커 버스커의 벚꽃엔딩을 듣는다. 봄이 내 마음 곳곳에 쏙쏙 박힌다.

책읽어주기로 전한 그림책의 즐거움

· 읽은 이 : 백민선 (구미지회)
· 읽은 날 : 2013년 12월 11일 수요일
· 읽은 곳 : 혜당학교
· 들은 이 : 중등장애학생
· 읽은 책 : 『장수탕 선녀님』, 『곰사냥을 떠나자』

　아침부터 눈발이 날려서 조금 일찍 준비해서 내려왔더니 차 시동이 안 걸린다. 몇 번 시도하다 이러다 늦겠다 싶어서 배터리 방전은 다녀와서 서비스를 불러야겠다고 생각하고 콜택시를 타고 혜당으로 이동했다.

　2반으로 들어가니 은ㅇ이가 안 보인다. 감기 몸살로 지금 못 나오고 있단다. 원래 계획되어 있는 목록은 다른 책이었지만 그 책이 아이들에게 조금 어려운 듯했고 혜당학교 마지막 시간이라 더 재미있는 책을 읽고 싶어 골라온 책을 보여주었다.

지○이의 인사를 받고 지○이가 선택하는 『장수탕 선녀님』을 먼저 읽었다. 요구르트 먹는다 하며 지○이와 용○가 열심히 들어준다. 마지막 장수탕 선녀님이 덕지머리에 손을 얹는 장면에서 지○이가 따라 해 본다.

다음 『곰사냥을 떠나자』에는 마침 눈보라 치는 장면이 나와서 바깥에 눈 온 장면이랑 겹쳐서 용○가 어눌한 발음으로 눈싸움하자 한다. 곰을 만나고 돌아가는 장면에서는 조금 긴장감 있게 빨리 읽어주었더니 그래도 지○와 용○는 잘 쳐다봐 준다.

친구들에게 이제 오늘로 책읽어주기 활동이 끝이라고 인사를 했더니 아이들은 아는지 모르는지 인사를 한다.

다음 4반으로 들어가니 재○이가 반갑게 맞아준다. 두 권을 보여주니 재○이가 『장수탕 선녀님』을 가리킨다. 읽기 시작하니 지○이가 '아~ 아~' 하고 계속 소리를 낸다. 그러는 와중 혜○이가 갑자기 "선녀님, 싫어 싫어~" 하면서 의자 밑으로 내려간다. 그 행동을 몰라라 한 채 책을 읽어 내려갔더니 형○와 재○이 경○이는 책을 잘 봐 준다.

다음 책을 읽기 전에 혜○이한테 약간의 주의를 주고 『곰사냥을 떠나자』를 읽기 시작했다. 곰이 나오자 경○이가 빤히 쳐다본다. 조금은 정신없지만 그래도 차분히 끝까지 읽었다.

혜당에서의 책읽어주기 활동을 행복하게 마무리했다.

혜당학교에서의 책읽어주기 활동은 2003년 하반기부터 2013년 12월까지 10년 동안 구미지회 회원들이 돌아가면서 활동을 한 곳이기에 더 큰 의미가 있는 곳이다. 나는 2012년부터 함께 했지만 많은 회원들이 친구들에게 그림책의 즐거움을 전한 활동이라 더 기억에 남는다.

짐승도 제 새끼 챙기는 건 당연하다

· 읽은 이 : 전영주 (경산지회)
· 읽은 날 : 2014년 5월 26일
· 읽은 곳 : 경산 시각장애인 센터
· 들은 이 : 시각장애인
· 읽은 책 : 『엄마까투리』, 『돼지 이야기』, 『옛이야기 보따리』

한 달 만에 찾아간 시각장애인 센터였다. 사무실에 먼저 인사를 드리고 어르신들이 계신 방으로 갔다. 큰 소리로 인사드리니 반갑게 맞이해 주신다. 할머니 한 분이 옆에 계신 할머니에게 며느리랑 목소리가 닮아서 처음엔 그 며느리가 온 줄 알았다시면서 며느리랑 정말 목소리가 닮았죠 하니 그렇다시며 얌전하니 예쁘다고 하신다. 그래서 목소리만 들으시고 성격이나 생김새까지 아시느냐고 하니 목소리만 들어도 어느 정도는 알 수 있다고 하신다.

그전부터 생각해 온 전화소리만으로 느껴지는 그 사람의 생각과 감정 느낌이 틀린 것만은 아닌 것 같았다. 이분들에게 청각은 시각을 겸한 청각이라는게 느껴졌다. 이런저런 서두 이야기를 끝내고 잘 못

들으시는 어르신을 옆에 모시고 슬픈 이야기 먼저 해드릴까요? 재미
난 이야기 먼저 해드릴까요? 하니 편한 대로 하라신다.

먼저 『엄마까투리』를 읽어드렸다. 숙연은 해 지셨지만 그렇게 많이
슬퍼하지는 않으셨다. 아마 이분들의 연세에서는 이런 엄마의 희생이
당연해서 그런 것 같다. 그러시면서 사람이든 짐승이든 지 새끼 챙기
는 건 당연한 건데 세월호 선장은 정말 나쁜 놈이라고 역정을 많이 내
셨다.

그리고 『돼지 이야기』를 읽어드렸다. 구제역 파동으로 인한 돼지
이야기에 나는 읽으면서도 가슴이 아팠는데 의외로 그렇게 많이 슬퍼
하지 않으셨다. 분위기가 경청은 하시는데 그렇게 재미있어하지는 않
으셨다. 아무래도 재미있는 옛이야기가 필요한 것 같았다.

서정오 선생님의 『옛이야기 보따리』에서 남의 복 빌리기를 읽어드
렸다. 평생 복이 나무 석 짐 밖에 안 되는 주인공에 추임새까지 넣으
시면서 경청을 하셨다. 나중에 빌린 복의 주인에게 복을 주려고 하자
주고 서로서로 잘 살겠다고 이야기의 나머지까지 앞질러 가셨다. 역
시 옛이야기가 훨씬 좋으신 것 같았다.
그리고 읽어드린 호랑이 잡은 피리에서는 형제들과 하늘나라 사람
들의 목소리를 나름 흉내 내면서 다르게 읽어드리니 이야기 내용에

따라 호탕하게 웃으시고 옆에 바짝 붙어 앉으시며 호응까지 크게 해주셨다. 역시 어르신들에겐 재미있기도 하고 무섭기도 하고 섬뜩하기도 하지만 옛이야기가 제일인 것 같다. 또 언제 오냐시면서 너무너무 재미있고 좋다고 하신다. 저는 한 달 뒤에 다시 온다고 하니 고맙다시면서 정말 좋다고 하신다. 인사드리고 나오는 발걸음이 한결 가볍고 경쾌했다.

할머니 할아버지는 무서운 게 없다고?

· 읽은 이 : 전영주 (경산지회)
· 읽은 날 : 2014년 6월 23일
· 읽은 곳 : 경산 시각장애인 센터
· 들은 이 : 시각장애인
· 읽은 책 : 『우리 옛이야기 백가지』, 『옛날 옛적 갓날 갓적』 중 「괴상한 뼈」,
　　　　　「도깨비를 죽인 사람」, 「술장수와 도깨비터」

　　사무실 복도에 할머니들이 의자에 앉아 계셨다. 크게 인사를 드리
고 사무실로 들어가니 할아버지들이 계셨다. 역시 큰 소리로 인사드
리니 이야기 선생님 오셨다고 좋아하시면서 옆에 계신 분들한테 어서
방으로 가자고 하신다. 얼른 사무 보시는 분께 인사드리고 내가 속으
로만 좋아하는 정말 애기같이 생기신 할아버지 손을 잡고 보이지 않
기 때문에 천천히 방으로 갔다. 가는 중에도 아니까 괜찮다시면서도
손은 놓지 않으셨다.

　　방으로 들어가니 오늘은 저번보다 훨씬 많은 할아버지 할머니들이
계셨다. 목소리만 듣고도 이야기 선생님 오셨다고 좋아하시면서 듣는
데 집중이 안 되니 문을 닫으라고 하신다. 오늘따라 밖의 복도 사무실

이 많이 소란스러워서 그러신 것 같았다. 들어가서 잘 지내셨느냐 인사드리고 오늘은 무서운 이야기랑 재미난 이야기 해드리겠다고 했다. 그러면서도 약간의 걱정이 되었다. 어느 정도 연세가 있으시면 무서운 게 없다고 하는 이야기를 어디서 들은 것 같아서 혹 무서운 이야기 좋아하시냐고 하니까 돌아오는 대답이 우리는 별로 무서운 게 없다고 하신다.

역시 그렇구나 하면서 「괴상한 뼈」와 「도깨비를 죽인 사람」 이야기가 생각보다 안 무섭고 재미없으면 어떡하지 하는 걱정이 앞선다. 그래서 서정오 선생님의 「아비냐 증손자냐」부터 읽어드렸다. 읽어드리니 재미있어하신다. 그리고 약간의 걱정을 하면서 『옛날 옛적 갓날 갓적』에 나오는 「괴상한 뼈」를 읽어드렸다.

황해도 사투리 그대로 책에 적힌 대로 읽으면서 읽어드리는데 반응이 생각 외로 무서워하셨다. 마지막 부분에서는 정말로 깜짝 놀라셨다. 특히 내가 좋아하는 애기같이 생기신 할아버지는 평소 귀가 어두워 항상 옆에 가까이 앉혀서 읽어 드리는데 오늘도 옆에 계시다가 정말 놀라셨다. 의외였다.

어떤 할아버지는 놀라면 십 년 감수한다고 하는데 오늘 내 명이 십 년은 아니더라도 일 년 줄어든 것 같다고 하신다. 생각보다는 무서운 옛이야기도 잘 통하는 것 같았다. 할머니들도 읽으면서 반응을 살피니 조용히 들으시는 게 무서운 감정을 확실히 느끼시는 것 같았다. 어떤 할아버지는 정말 잘 읽는다고 하시면서 계속 칭찬이다. 기분이 참 좋았다.

그리고 「도깨비를 죽인 사람」과 「술장수와 도깨비터」를 읽어드렸다. 「도깨비를 죽인 사람」도 반응이 좋았다. 그러나 「술장수와 도깨비터」는 생각보다는 반응이 많이 없었다. 읽어드리고 나니 오늘은 4개만 듣고 또 다음에 재미난 이야기 해달라시면서 너무 오늘 많이 하면 목도 아프고 다음에 할 거 없다고 하신다. 읽어드리는 내내 집중하시면서 잘 들어주신 것도 감사한데 이제 내 걱정까지 해 주신다. 가벼운 마음으로 인사드리고 나왔다. 모두들 잘 가라고 하신다.

책과 함께 뚜벅뚜벅 세상을 살아가기를

· 읽은 이 : 문승자 (경산지회)
· 읽은 날 : 2014년 10월 31일
· 읽은 곳 : 경산 아가페 지역아동센터
· 들은 이 : 초등학생
· 읽은 책 : 『불씨 지킨 새색시』, 『호랑 감투』, 『청룡과 흑룡』

시월 마지막 날, 오늘은 추적추적 비만 내린다. 옛이야기 그림책 3권을 챙겨 강변을 따라 급한 걸음으로 아가페를 갔다. 딱 20분 거리. 남자애들 여러 명과 은ㅇ가 기다리고 있었다. 민ㅇ, 민ㅇ, 동ㅇ, 만ㅇ이가 "쌤, 오랜만이에요?" 인사한다. 그 인사가 편하게 와닿는다. 여학생은 은ㅇ만 있는데 오늘따라 은ㅇ 얼굴이 핼쑥하다. 감기란다. 기운도 없고 얼굴도 핏기가 없다. 손도 잡아보니 서늘하다. 따뜻한 집이불 속이 그립겠구나 싶다. 민ㅇ가 일어나 귀여운 춤을 췄다. 은ㅇ 얼굴에 살짝 웃음이 돈다. 그게 좋아 춤을 한 번 더 요청했다.

『불씨 지킨 새색시』를 읽어줬다.

"얘들아 성냥은 언제 우리나라에서 사용했을까?" 내 질문에 나름 대로 답을 한다.

"성냥 없을 때는 뭐로 불을 피웠을까?" 애들은 정글의 법칙을 봤다고 부싯돌, 활비비로 불 피우는 법을 말해준다. 책을 읽으며 불씨를 꺼트리지 않음 불을 쉽게 피울 수 있다는 걸 알았다. 재가 뭔지도 묻고.

『호랑 감투』도 읽어주고 『청룡과 흑룡』도 읽어주었다. 4명의 남자 애들은 청룡 편과 흑룡 편으로 나눠 서로 응원을 한다. 누가 힘이 더 센시! 마지막 악한 흑룡이 죽자 흑룡 편인 애들은 아쉬워한다. 살아남은 청룡이 백두산 천지에 살고 있다고 하는데 먼저 백두산 가는 사람이 사진 찍어 보여주자고 하니까 어떻게 가냐고, 북한에 있는데 중국으로 가서 백두산을 오를 수도 있다고 했더니 동○이 눈이 똥그래졌다. 집으로 오다가 유○이 책 때문에 대평까지 다녀온 동○이를 만났다. 기특하다고 했더니 길을 아니까 별것 아니다는 투로 말하는 동○이가 참 씩씩해 보였다. 그렇게 뚜벅뚜벅 세상을 살아갔으면 싶다.

새로운 만남에 설레는 마음

· 읽은 이 : 신은영 (구미지회)
· 읽은 날 : 2014년 3월 7일
· 읽은 곳 : 양포 지역아동센터
· 들은 이 : 초등학생
· 읽은 책 : 『눈물바다』, 『팥이 영감과 우르르 산토끼』, 『구덩이에서 어떻게
　　　　　나가지?』

양포 지역아동센터에서의 책읽어주기 활동을 시작했습니다.

전날 독서부장님과 함께 방문해서 인사를 드리고 활동 시간을 잡
았습니다. 매주 금요일 오후 4시부터 시작하는 것으로 정했고, 당장
이번 주부터 활동을 하겠다고 말씀을 드렸습니다. 미리 얘기를 전해
들은 것처럼 환경이나 시설은 매우 좋았습니다.(제가 다녀 본 지역아동센
터 중 제일 깨끗하고 좋은 환경.)

지역아동센터라기보다는 소규모 유치원이나 어린이집 같은 분위
기라서 과연 이곳 아이들에게 우리의 활동이 필요한 것일까 하는 생
각을 계속 했습니다.

아이들의 생활 환경이나 독서 환경은 또 어떨지 궁금했지만, 그건

부딪혀 봐야 하는 것이라, 센터장이나 복지사의 의견은 그닥 염두에 두지 않았습니다.

다음 날인 금요일 오후 4시 정각에 그곳을 다시 찾았습니다.

지난 2년 동안 혜당에서만 활동을 한지라 일반 아이들을 만나는 것은 꽤 오랜만이었지요.

복지사 선생님을 따라 아이들이 모여있는 공간에 들어서니, 예쁜 아이들 13명이 기다리고 있었습니다.

인사를 하려는데, 그중 한 녀석이 "어? 내가 알고 있는 선생님이다!!" 하는 겁니다.

3년 전 해평초 돌봄교실에서 책읽어주기 활동을 할 때 만났던 정○이였습니다.

그땐 1학년 막내였는데, 어느새 커서 4학년 제일 큰 언니가 되어 있었습니다.

고학년 1명이라던 아이가 바로 4학년 정○이였습니다.

인사를 나누고 준비해 간 그림책 세 권을 읽으면서 중간중간 이야기를 나누었습니다.

『눈물바다』는 아이들이 좋아하기도 하지만, 과연 이 책을 읽은 이들이 얼마나 되는지를 통해 그 모임 구성원의 어린이책 관심도를 가늠하는 자료로 활용하는 책이기도 합니다.

반 정도 되는 아이들이 알고 있거나 읽어본 적이 있다고 했습니다.

책을 한 번 읽고 다시 천천히 그림을 보여주었는데, 한 남자아이가 제 맘 속으로 확 들어와 버렸습니다.

'공룡 두 마리가 싸운다' 하는 부분에서 이 아이가 갑자기 이러는 겁니다.

"우리 엄마랑 아빠도 저렇게 싸웠어요. 그래서 엄마는 울고 아빠는 집을 나갔어요. 아빠는 지금도 집에 안 왔어요. 난 아빠가 보고 싶은데…"

어제부터 이곳에 다니게 된 혁○이라는 1학년 아이랍니다.

아이가 하는 말의 내용에도 놀랐지만, 그림책 속의 내용 중에 자기 상황과 같은 부분을 발견하고, 그 이야기를 처음 보는 저한테 스스럼없이 털어놓는 순수함에도 놀랐습니다.

준비해 간 나머지 두 책 『팥이 영감과 우르르 산토끼』와 『구덩이에서 어떻게 나가지?』도 아이들이 무척 좋아했습니다. 몇 명을 빼곤 듣는 태도도 좋은 편이었고, 분위기나 반응도 나쁘지 않았습니다.

다만, 중간에 학원을 가느라 왔다 갔다 하는 아이들이 있어서 조금 산만해지기도 했는데, 복지사 선생님 말로는 지금 학교 단축수업 기간이라 그렇다고 합니다.

마치고 선생님이 들어와서 아이들에게 오늘 느낀 점을 말해보라고 해서 당황스러웠어요.

전날 그러시지 말라고 말씀드렸었는데….

선생님들은 아이들이 무척 반듯하고, 책도 좋아하고, 센터에 좋은 책도 많고, 독후 활동도 싫어하지 않고 엄청 잘한다고 계속 칭찬하셨는데, 역시 아이들 속마음을 잘 못 읽는 어른들이구나, 하는 생각을 다시 했습니다.

아이들은 만화책 말고 다른 책은 싫다고, 책 읽고 나서 뭐 하라고 하는 건 더 싫다고 저한테 이미 털어놓았거든요.

그리고 센터 안 책장 가득 책들은 많았지만, 대부분 전집들이고, 아이들이 읽을 만한 좋은 책들은 거의 없었습니다.

게다가 선생님이 혁○이를 가리키며 어제 새로 온 아이인데 조금 산만하다고 귀띔을 해 주셨는데, 사실 혁○이가 제일 열심히 제일 재미있게 들었었거든요.

좋은 시설과 예쁜 환경에도 불구하고, 독서 환경은 아이들 관점에서 그닥 좋은 편은 아니었습니다.

다른 아이들 상황은 잘 모르겠지만, 적어도 정○이와 혁○이 두 아이의 상황 또한 그리 좋아 보이지는 않았구요.

제가 정○이 이름은 이미 알고 있고, 혁○이에게만 이름을 물어서 샘이 났는지, 다른 아이들도 모두 자기 이름을 말하며 기억해 달라고 저를 둘러쌉니다.

은○, 은○, 시○이, 세○이… 아, 도저히 기억을 다 할 수가 없습니다.

10년 전에는 활동 첫날 아이들 이름과 얼굴을 정확히 외워버렸었는데, 그때 그 총기는 다 어디로 사라진 것인지…^^

새로운 아이들과의 새로운 만남에 마음이 설레는 하루였습니다.

책읽어주기, 그 짜릿한 순간을 위해서

· 읽은 이 : 김봉주 (영천지회)
· 읽은 때 : 2011년, 2012년, 2013년, 2017년
· 읽은 곳 : 영천 영안중학교
· 들은 이 : 중학생

처음 어린이도서연구회를 만난 것은 2008년 영천시립도서관에서다. 책을 좋아하던 나는 아무런 고민 없이 회에 가입했다. 회에 가입하고 보니 많은 회원들이 어린이책을 읽고 함께 이야기하며 책에 대한 다양한 생각을 서로 나누고 있었다. 나보다 먼저 좋은 어린이책을 찾아서 만나고 책을 볼 때도 어른의 눈이 아니라 아이의 눈을 가지고 보려고 애쓰는 회원들이 마냥 멋있어 보였다. 그리고 그렇게 찾아낸 책을 아이들에게 알려주고 싶어 책읽어주기를 하러 가는 회원들의 모습이 눈에 들어왔다. 아침 시간에 읽어줄 책을 들고 교실로 가서 아이들에게 재미있게 읽어주고 아이들은 눈을 반짝이며 듣고 있는 모습을 머릿속에 그렸다. 나도 어서 회원들처럼 아이들과 책 이야기를 나눌

수 있기를 바라며 호시탐탐 기회를 노리고 있었다. 그래서 생각해 낸 방법이 우리 아이들이 다니는 학교에서 책읽어주기를 시작하는 것이었다. 회원들이 아이들에게 읽어주었을 때 아이들이 재미있다고 이야기했다는 책을 가지고 아이들에게 읽어주면 회원들의 이야기와는 다른 반응이 나오는 경우도 많았다. 매일 아이들과 만나면서 조금씩 지쳐가고 있던 나는 나와 내 아이들을 모르는 아이들을 만나 책을 읽어주면 더 나은 반응이 나올 거라는 막연한 생각을 하며 현재 아이들에게도 충분한 정성을 주지 못하면서 다른 곳으로 눈을 돌리고 있었다.

그런 때에 회에서 영천관내 초등학교와 중학교에 책읽어주기 활동을 신청하라는 공문을 보냈고 영안중학교에서 연락이 왔다. 연락이 온 시기가 이미 1학기는 중반을 지나고 있었기에 2학기부터 책읽어주기를 시작하기로 했다. 영안중학교는 각 학년에 한 반씩 3명의 활동가가 필요했다. 초등학생들보다는 중학생들에게 좀 더 생각할 거리가 많은 책을 읽어줄 수 있을 거라는 기대를 가지고 책을 골라서 읽어주기 시작했다. 생각할 거리를 던져주는 그림책들은 길이가 길 때도 있었고 내용이 무겁기도 했다. 물론 책을 재미있게 잘 듣는 아이들도 있었지만 월요일 아침 시간부터 아이들에게 생각할 거리가 담긴 그림책을 읽어줄 때 아이들의 표정이 어두워지기도 했다. 또 평소 책을 많이 읽고 좋아하던 아이들은 어떤 책을 가져가도 잘 들어주었지만 지금까지 책과 친분을 쌓지 않은 아이들은 힘들어하고 지쳐갔다. 그래서 다른 회원들에게 조언을 구하기도 하고 어떤 책을 읽어주면 좋을지 물어보면서 책의 목록을 수정하기 시작했다. 책읽어주기는 아이들에게 책과 친해질 수 있는 기회를 주는 시간이라는 것을 잊고 나의 욕심을 채우는 시간으로 만들고 있었다는 것을 깨달은 것이다. 아이들의 말과 생각에 맞고 아이들과 웃음코드가 맞는 책들을 가져가고 가끔은 '너무 유치한 건 아닐까?' 싶은 책을 가져가서 읽어주기도 했다. 아이들은 들으면서 순간순간 집중하고 잠깐잠깐 웃어넘기는 책을 좋아라하기도 하고 깊이 있게 생각하고 주변을 돌아봐야 하는 내용에 진지하게 고민하는 모습을 보여주기도 했다. 또 숙제를 하느라 책읽어주기를 하고 있는 나에게 눈길도 주지 않는 날도 있었다. 그렇게 하루하루 만남을 이어가다 4개월의 시간이 지나고 마지막 시간이 되었다. 책읽어주기에 대한 아이들의 생각이 궁금해서 물어봤다.

"얘들아, 처음 그림책 읽어주러 온다는 이야기를 들었을 때 어땠어?"라고 묻자 "기대됐어요.", "설레었어요.", "기다려졌어요." 등 나에 대한 배려 가득한 대답들이 돌아왔다.

"고마워! 근데 그런 거 말구, 진짜 솔직한 너희들의 생각이 듣고 싶어."라고 했더니 앞쪽에 앉은 한 아이가 "이 나이에 무슨…."이라고 조그맣게 속삭였다. 그래서 웃으면서 "그랬어? 그럼 처음에는 그렇게 생각했는데 지금은 어때?내가 4개월 동안 너희들에게 그림책 읽어줬잖아. 그동안 생각이 좀 바뀌었어?"

"그림책은 유치원생들이 읽는 책이라고 생각했어요. 근데 이제 그렇지는 않은 것 같아요."

라는 답이 돌아왔다. 반가워서 "그래? 그림책이 재미있었어?" 하고 다시 물으니 "네. 예전에는 중학생이니까 책도 두꺼운 것들을 찾아 읽어야 한다고 생각했는데 이제는 그림책을 읽어도 될 것 같아요."라고 답하는 아이의 표정이 담담하고 편안해 보였다.

책을 좋아하는 사람들은 종류를 가리지 않고 다양한 책을 편안하게 만날 준비가 되어있다. 그렇지만 책을 좋아하지 않는 사람들은 내가 좋아하는 책이 아니라 나에게 맞을 것 같은 책을 찾아 읽으려고 애를 쓴다. 책이 좋아서 읽는 것이 아니라 책을 읽어야 할 것 같아서 읽기 때문이 아닐까? 다시 말해 다른 사람들에게 있어 보이는 모습을 보여주기 위한 책을 고르는 경우가 많기 때문일 것이다. 내가 처음 중학생들에게 책읽어주기를 하러 갈 때 중학생이니까 좀 더 생각할 수 있는 책을 읽어주어야 한다고 생각한 것처럼 말이다.

유치원생이든 중학생이든, 아님 어른이든 책과 친하지 않은 사람들에게 책읽어주기를 하는 것은 똑같은 시작이라고 생각된다. 책과 만나는 시간이 즐겁고 부담 없고 기다려지는 시간이면 좋겠다. 내가 좋아한 책을 읽어주었을 때 들어주는 상대방이 즐거워해 주면 정말 즐거운 시간이겠지만, 항상 그럴 수는 없다. 4개월을 읽어주고 그 시간 덕분에 책에 대한 생각이 바뀌었다는 아이도 있지만 3년의 시간을 읽어주어도 반응이 없는 아이도 있다. 내가 하는 활동이 아이에게 좋은 영향을 준다면 정말 감사하겠지만 그렇지 않다 해도 실망할 필요는 없다. 아이에게 영향을 주지는 못해도 나에게는 경험이 되어 새로운 상황에서 또 다른 아이들을 만날 수 있는 힘이 되어 주니 말이다.

책읽어주기를 하면 할수록 대상이 유치원생이나 초등 저학년이면 좋겠다는 생각을 하게 된다. 내가 정성껏 골라 간 책을 아주 재미있게 들어주고 눈을 맞추며 반응을 보여준다. 나이가 많아질수록 책과 만난 시간이 적을수록 아이들의 반응이 냉담하게 느껴지기도 한다. 그렇지만 포기할 수는 없다. 중학생이든 어른들이든 다음에는 재미있어 해 주기를 바라면서 더 신중하게 책을 고르고 더 많은 연습을 하고 가려고 노력한다. 그러기 위해서는 내가 더 많은 책을 만나고 다양한 책을 알고 있어야 한다. 누구에게 읽어줘도 재미있다고 하는 책은 드물다. 하지만 세상에 책은 많고 새로운 책이 계속 나오고 있으니 언젠가는 내가 읽어줄 대상이 좋아할 책을 골라서 갈 수 있는 날이 올 것이다. 그 짜릿한 순간을 위해서 끝까지 최선을 다해야겠다.

한 권의 책은 아이들 수만큼의 이야기로 다시 태어난다

· 읽은 이 : 박나영 (경산지회)
· 읽은 날 : 2018년
· 읽은 곳 : 경산 남산초등학교
· 들은 이 : 초등학생

"선생님, 다음 주에는 『알사탕』 꼭 가지고 오세요."

"오늘은 무슨 책 가지고 오셨어요?"

"『깜박깜박 도깨비』 또 읽어주세요."

인사를 하며 교실로 들어서면 아이들의 눈동자가 일제히 '나의 책가방'을 향한다. 이번 주는 어떤 책을 가지고 왔을까? 저번 주에 다시 읽고 싶다고 말한 책을 챙겨왔을까? 그 호기심 어린 눈빛이 책읽어주기 활동의 원동력이 되어준다. 가방 속 책들이 한 권 한 권 밖으로 나와 아이들에게 가닿고 아이들의 말들이 다시 나에게 와서 책읽어주기 시간을 풍성하게 만들어준다.

어떤 책을 읽어줄지에 대한 계획은 대부분 연초에 짠다. 새 학기가 시작되는 시기, 아이들과의 첫 만남을 함께할 책을 선택하는 일은 언제나 설레는 일이다. 첫인사를 건네듯 아이들에게 책으로 인사를 한다. 이제 막 초등학교를 입학한 1학년 교실은 봄과 닮았다. 파란 새싹이 고개를 내밀고 꽃을 피울 준비를 하는 봄꽃들의 시선이 책으로 향한다. 엄마, 아빠가 읽어주던 책들을 만나면 반가워하고 새롭게 만나는 책들은 그저 신기하다.

비가 오는 날은 책장을 둘러보고 비와 관련된 책을 가방에 한 권 더 넣어간다. 알록달록 우산을 쓰고 학교에 도착한 아이들에게 『노란 우산』을 보여주면 글자 없는 그림책은 아이들의 입을 통해서 수없이 많은 이야기로 탄생한다. 의자에 앉으면 다리가 겨우 바닥에 닿을 정도의 작은 아이들은 『커졌다』의 주인공의 키가 커질 때마다 자기들도 같이 키가 커지는 것 같다고 말한다. 키가 많이 많이 커져서 버스 손잡이를 잡아보고 싶고 누나가 타는 자전거를 타고 쌩쌩 달리고 싶기도 하다. 주인공의 키가 자꾸자꾸 커져서 하늘을 뚫고 우주까지 나아갈 때 아이들의 마음도 같이 '커졌다'.

매주 수요일 아침은 책을 읽어주는 선생님이 오시는 날이다. 아이들은 교실에 앉아서 새로운 책을 기대하고, 저번 주에 읽어주겠다고 약속한 책을 기다리기도 한다. 3월에 만난 아이들은 5월이 되면 학교에 적응을 어느 정도 마치고 부쩍 의젓해진다. 책을 읽어주고 궁금한 것을 물어보고 서로가 책으로 소통하는 시간이 자연스러워진다. 5월은 어린이날이 있는 달이고 권정생 선생님을 자주 생각해 보는 달이기도 하다. 『강아지똥』은 너무나 유명해서 모르는 아이가 없다. 그래도 여전히 재미있어한다. '강아지똥'이 사라져서 슬프다는 아이도 있고, '똥' 이야기는 무조건 재미있다는 아이도 있다. 『강아지와 염소 새끼』는 염소가 머리가 나쁘단다. 강아지가 얄미운데 나중에 둘이 사이가 좋아진 것 같아서 '해피엔딩'이라고 한다. 강아지와 염소 새끼가 그냥 친하게 잘 놀았으면 하는 아이들 마음에 전쟁은 낯선 이야기이다. 하늘을 날아다니며 강아지와 염소 새끼를 깜짝 놀라게 하는 제트기가 신기할 뿐이다.

한여름을 지나는 교실은 아침부터 덥다. 시끄러운 매미소리가 교실을 더 덥게 만드는 듯하다. 『수박 수영장』을 펼치면 아이들의 마음은 벌써 '수박 수영장'에 풍덩 뛰어들었다. 모두 함께 '수박 수영장'에서 한바탕 신나게 놀고 나면 조금은 시원해진 듯하다. 책으로 아이스크림을 먹게 해주겠다고 『달 샤베트』를 꺼내면 아이들은 '별 샤베트'도 먹어보고 싶다고 한다. '별'이 맛있다, '달'이 맛있다는 결국 무승부가 된다. 오늘 저녁 '달'과 '별'이 뜨면 모두 상상 속 아이스크림을 만들어서 시원하게 먹어보자 이야기한다. 꿈속에서 만나면 나에게 한 개 주겠노라고 말하는 아이의 표정이 해맑다. 더운 여름 아침에 다 함께 잠시 피서를 다녀오는 시간이다.

가을이 왔다. 운동장의 나무들이 조금씩 울긋불긋해진다. 의자에 앉으면 다리가 겨우 바닥에 닿던 아이들이 쑥쑥 자라서 교실이 조금 좁아진 듯하다. 소풍을 갈 예정이고, 추석도 다가오고 있다. 『달팽이 학교』의 소풍이 너무 웃겨서 배꼽을 잡는다. 그만큼 느리지 않다고 말하는 '곤충 박사님'의 설명이 나는 더 재미있다. 사흘이 걸려서 싼 '김밥'을 먹어보고 싶기도 하고, 교장선생님의 이삿짐을 옮겨주고 싶기도 하다. 하루를 신나게 웃고 시작한다. 추석을 앞두고 함께 읽는 『솔이의 추석 이야기』는 이야깃거리가 풍성하다. "선생님, 옛날이야기 같아요.", "그림이 너무 예뻐요."에서 어느 순간 추석날 아침에 무엇을 먼저 먹을지에 대한 이야기로 옮겨간다. 생긴 것도 다르고 성격도 다 다른 아이들은 좋아하는 음식도 다르다. 그렇지만 추석을 기다리는 마음은 모두가 다 같다.

겨울방학 전까지 책읽어주기 활동을 하고 한 해를 마무리한다. 3월부터 시작하여 매주 2권에서 3권, 많은 날은 4권을 읽어주기도 했다. 적지 않은 책으로 아이들과 만났다. 매주 옛이야기 한 권씩은 함께 읽어주려고 했다. 아이들에게 '옛날 옛날에'의 '옛날이야기'는 언제나 인기 만점이다. 『김수한무거북이와두루미』는 교실이 떠나가라 함께 이름을 불렀다. '김수한무거북이와두루미삼천갑자동박삭'아 놀~자. '김수한무거북이와두루미삼천갑자동박삭'이가 물에 빠졌어요. 저 이름보다 더 긴 이름도 만들 수 있다는 아이도 있다. 기상천외한 이름들이 튀어나온다. 숨을 헥헥거리면서 지어 부르는 이름들이 귓가에 맴돈다. 자꾸만 깜박깜박하는 도깨비가 불쌍하지만 진짜 깜박깜박하는 것이 아니라 아이를 도와주려고 일부러 그런다는 아이의 시선이 따듯하다. 『깜박깜박 도깨비』가 자기 앞에도 나타났으면 좋겠다는 아이의 마음도 궁금하다.

인사를 하며 교실로 들어서면 '나의 책가방'으로 향하던 아이들의 호기심 어린 눈빛들을 떠올려 본다. 모든 책을 아이들이 다 좋아하지는 않았다. 아침을 즐겁게 시작했으면 하는 바람으로 재미있는 책을 주로 챙겼지만 함께 생각하고 이야기 나눌 책들도 가방 속에 들어가 있었다. 아이들은 모두 저마다 각기 다르게 반응했고, 다양하게 받아들였다. '책'을 읽어준다는 건, 누군가에게 '말'을 건네는 것과 같지 않을까? 아이들은 내가 건넨 '말'에 즐겁게 대답해 주었고, 하나의 책은 교실 속 아이들 수만큼의 이야기로 다시 태어나곤 했다.

책읽어주기가 주는 뭉클함

|

· 읽은 이 : 이아진 (대구지회)
· 읽은 때 : 2018년 ~
· 읽은 곳 : 대구 장애인종합복지관 두리교실
· 들은 이 : 중·고등장애학생
· 읽은 책 : 그림책

어린이도서연구회 회원으로서 책읽어주기 활동을 해야지 생각하
면서도 선뜻 시작하기가 쉽지가 않았다. 그래도 활동을 시작해야지
생각하고 있었을 즈음 장애인복지관 활동가를 모집했다. 대구지회에
서 10여 년 동안 활동을 진행해 오던 곳이었다. 활동가가 없으면 지금
까지 해오던 책읽어주기가 없어진다고 생각하니 아쉽기도 하고, 한
번 도전해 봐야겠다는 결심이 생겼다. 복지관 담당 선생님과 통화를
하고 약속한 날 복지관을 찾았다. 처음 가는 길은 굉장히 긴장되고 떨
렸다. 아이들에게 어떤 책을 읽어줄까? 어떤 친구들이 있을까? 나는
오랫동안 복지관 친구들과 함께 잘 할 수 있을까? 여러 걱정과 기대를
하면서 복지관에 도착했다. 기관의 특성상 너무 난이도가 있는 책은

이해하기가 어려울 것 같고, 그렇다고 너무 쉬운 책은 싫어할 수 있을 것 같아 고민이 되었다. 책을 고르는 게 나름 힘들었다. 예전에 읽어 줬던 책 목록을 참고해서 아이들이 재미있어할 만한 책으로 준비를 했다. 아이들과 잘 지내면서 편안하게 책읽어주기를 하자, 라고 마음속으로 다짐하면서….

아이들은 중학생이 대부분이고 고등학생도 있었다. 활동을 시작할 때 장애인복지관이라서 경험 없는 내가 잘 할 수 있을까 고민이 많이 되었다. 처음에는 아이들이 낯을 조금 가리는 것 같았다. 몸이 불편한 친구는 휠체어를 타고 왔다. 나머지 아이들은 스스로 걸어올 수 있는 친구들이었다.

지금은 졸업을 하고 없는 친구인데 마음이 따뜻한 학생이 기억난다. 한여름에 선생님 덥죠, 하면서 교실에 에어컨을 켜놓았다고 했다. 그리고 주위에 떠드는 친구들이 있으면 선생님 힘들다고 조용히 하라고 얘기도 해줬고, 책을 잘 들어주던 친구다. 나를 생각해 주는 맘이 얼마나 고맙던지. 문득 그 친구가 생각난다.

친구들의 그날그날 분위기나 날씨에 따라서 교실 분위기가 많이 달라졌다. 어떤 날은 아주 잘 들어주고, 어떤 날은 내가 힘들 정도로 어수선할 때도 있었다. 어수선할 때는 좀 더 재미있는 책을 준비할걸, 좀 더 재미있게 읽어줄걸 하는 후회가 생긴다.

책을 읽어주면 다른 것을 하고 있지만 한 번씩 고개를 돌려서 힐끗 쳐다봐 주는 친구도 있었다. 책을 안 보는 것처럼 보여도 귀로는 다 듣고 있는 친구. 처음에는 인사를 해도 반응이 시큰둥하고 표현을 많이 안 하는 친구였다. 터치도 싫어했는데 시간이 지나 정이 들었는지 친해진 것 같다. 말을 걸어주면 씩 웃어주고, 하이파이브도 하고 이름을 불러주면 좋아하는 친구다. 진짜 표현이 없던 친구가 마음을 열어준 것 같아 너무 고맙다.

책을 읽어 줄 때 책표지의 제목과 지은이, 출판사를 읽어주고 그림도 본다. 책을 듣다가 아이들이 모르는 단어가 있으면 나에게 물어본다. 책에 있는 숨은그림찾기도 좋아하고, 숫자 따라 읽기, 노래 부르기, 율동 따라 하기, 동물 흉내 내기 등 아이들이 전부 좋아하는 것들이다. 또 미용실을 다녀왔다, 수련회를 간다, 엄마가 핸드폰을 바꿔주셨다 등 자랑도 많이 하는 친구들.

하루는 스케치북에 그림을 그리고 있는 친구가 있었다. 그림 그리면서 들어줘, 하고 책을 읽었다. 마치고 그림이 누구냐고 물으니 나, 라고 했다. 나를 그려주다니 감동이다. 그림을 꼭 완성해서 달라고 했다. 책을 다 읽어주고 나올 때 가지 말라고 보고 싶다고 했다. 어떤 날은 목도리를 나한테 선물로 준다고도 했다. 내 아이가 아픈데 책읽어주기 가는 시간이랑 겹쳐서 병원에 못 데려다줄 때는 속상했지만, 아이들의 이런 행동이 활동을 계속할 수 있게 하는 힘인 것 같다.

방학에는 책읽어주기를 잠시 쉬는데 쉬고 방문을 해서 내 이름을 물어보면 기억하는 친구들이 있었다. 그럴 때 얼마나 기쁜지…. 아이들이 나를 잊어버리지 않았다는 뿌듯함을 느낀다.

  가끔 흐름을 끊는 친구가 잘 들어 줄 때는 고맙고, 항상 기대하면서 그림책을 봐주는 친구도 고맙고, 나를 기다려주는 아이들이 다 고맙다. 지금은 코로나로 활동을 잠시 쉬고 있는데 아이들이 얼마나 컸는지, 잘 있는지 궁금해진다. 나를 기다리는 순순한 아이들을 생각하면 좀 더 재미있는 책을 준비해서 아이들이랑 즐거운 시간을 갖고 싶은 마음이 생긴다. 활동은 때로는 번거롭고 귀찮을 때가 아주 가끔 있지만, 말로 표현하기 힘든 뭉클함이 분명히 있다.

그림책 작가를 떠나보내면서

· 읽은 이 : 신은영 (구미지회)
· 읽은 날 : 2019년 1월 15일
· 읽은 곳 : 인동 지역아동센터
· 들은 이 : 초등학생, 중학생
· 읽은 책 : 『구름 나라』, 『에드와르도 세상에서 가장 못된 아이』, 『지각대장
　　　　　 존』, 『곰 사냥을 떠나자』

지난 1월 초 존 버닝햄 작가가 돌아가셨다는 기사를 읽으면서 인동 친구들이랑 특별한 시간을 가져봐야겠다고 생각했습니다. 평생 아이들을 위해 그림책을 쓰면서 세상의 모든 어린이 친구들과 눈높이를 함께해 온 작가에 대한 이야기를 들려주고 싶었어요. 우리 회 목록에 있는 작가의 책 8권 중에 『알도』만 빼고 모두 빌려갔어요.

오늘은 저학년 친구들 8명 외에 중학교 남학생 2명이 함께하고 싶다고 해서 모두 10명이 참석했습니다. 평소와 달리 왜 이렇게 책이 많은지 궁금해하던 친구들이 그림책을 쫙 펼쳐놓자, 작가가 모두 같다는 걸 금방 눈치챘어요. 존 버닝햄 할아버지의 이야기를 들려주고, 그

의 작품들을 소개하고, 아내인 헬린 옥슨버리 할머니의 이야기도 들려주었어요. 많은 책들 중에서 아이들이 읽어달라고 고른 책 4권을 함께 읽었습니다.

첫 번째로 아이들이 고른 책은 『구름 나라』입니다.
주인공 앨버트가 구름 나라 친구들이랑 노는 장면들을 보고 너무 신나겠다고 부러워해요. 주문을 외는 부분을 제일 재미있어합니다.

두 번째 책은 『에드와르도 세상에서 가장 못된 아이』입니다.
세상에서 제일가는 말썽쟁이 에드와르도가 어떻게 세상에서 가장 사랑스러운 아이가 되는지 흥미롭게 들었어요. 중학생 형들 중 하나가, "결국 아이를 못되게도 사랑스럽게도 만드는 건 어른들이네요." 합니다.

세 번째로 고른 책은 『지각대장 존』입니다.
인동 친구들은 벌써 두 번이나 이 책을 함께 봤는데 그래도 다시 고르네요. 이번에도 마치 처음 듣는 것처럼 아주 재미있게 들었어요.

마지막으로 아이들이 고른 책은 존 버닝햄의 아내인 헬린 옥슨버리의 『곰 사냥을 떠나자』입니다. 워낙 유명한 책이라서 아이들이 많이 봤을 줄 알았는데, 모두 처음 본다고 해요. 중간중간 등장하는 의성어, 의태어들을 큰 소리로 따라 읽으면서 신나게 봤습니다. 다른 책을 더 보고 싶다는 친구들도 있었지만, 평소보다 많은 책을 보는 게 지루한 친구들도 있어서 여기까지 보고 마쳤어요.

끝나면서 작가의 이름을 기억하자고 다시 한번 말했더니, 중학생 중 한 명이 "고인의 명복을 빕니다."라고 해서 놀랐어요. 정말 좋아했던 그림책 작가를 떠나보내면서 이런 방식으로라도 아이들과 잠시 추모할 수 있는 시간을 가져서 좋았습니다.

나의 간절하고 단호한 눈빛을 받아라!

· 읽은 이 : 강혜경 (대구지회)
· 읽은 날 : 2019년 6월 11일 화 아침 8시30분 ~ 9시
· 읽은 곳 : 대구 ○○초등학교
· 들은 이 : 초등학생
· 읽은 책 : 『고구마구마』, 『아름다운 책』, 『이건 내 모자가 아니야』, 『나쁜 씨앗』

오늘도 아이와 함께하는 등교다. 아침부터 정신이 없다. 내가 졸업한 학교에 우리 아이가 다니게 되고 내가 그 학교에 책읽어주기를 한다는 것은 아주 묘한 설렘을 갖게 한다. 학교도서관에서 읽어줄 책의 제목을 적고 종 치기를 기다린다. 아이가 전학 온 첫해이고 나도 아직 학교가 낯설다. 무슨 용기로 책읽어주기를 한다고 했는지 모르겠다.

이 반은 요상하게 부산스러운 듯 집중하고 웅성웅성하면서 듣고 알 수 없는 매력이 있다. 책읽어주기가 안 되는 친구들과 잘 되는 친구들이 아주 조화롭게 있는 느낌이랄까?

목소리를 한껏 크게 올려 책읽어주기를 시작!!

『고구마구마』

조금 어수선해져서 어쩌나!! 짧은 글 그림책이다. 구마~ 구마~

아이들이 읽는 동안 말투를 따라 한다. 다시 집중해서 본다.

그리고 고구마가 방귀를 뿡~ 하고 뀌는 장면과 쓰러지는 고구마들

"쓰러지는구마."

아이들이 "윽~~ 지독한데!!" 하며 공감한다. 괴로워하는 표정을 짓

는다.

저마다 진짜 냄새를 맡은 듯하다.

『아름다운 책』

아는 아이도 있고 처음이라는 아이들도 있다. 책 읽는 내내 조금 부

산스러웠다. 웅성웅성, 꿍얼꿍얼. 제일 뒤에 앉은 남자아이 2명이 좋

아하는 카드가 뭔지에 대해 심도 있게 대담 중이다. 책 읽을 때 들렸

다. 다 들린다.

나의 간절하고 단호한 눈빛을 받아라! 소용이 없다.

몇몇 친구들은 책을 다르게 사용하는 것에 대해 재미있게 보았고

몇몇 친구들은 자신의 관심사에 몰두했고 몇몇 친구들은 그런 친구들

을 구경했다.

『이건 내 모자가 아니야』

이 책을 본 적이 있다고 한 여자 친구가 말한다. 모자가 주인공으로

곰도 있고 거북이도 있다고 도서관에 있으니 빌려 보라고 안내했다.
조용한 템포에 감정이 잘 보이는 그림책이다. 그래서 그런지 눈동자
의 굴림을 앞에 앉은 여자아이가 잘 따라가며 듣는다. 나는 책을 읽고
그 아이는 대답을 하고, 아는데! 간다! 장단을 넣어준다. 조용히 집중
하며 다음 장이 궁금한지 책만 뚫어지게 바라본다. 나는 더 천천히 읽
으며 그 몰입하는 아이들의 순간을 즐겼다.

마지막 풀 속에서는 어떻게 됐을까? 물었다. 아이들이 때렸다, 뺏었
다, 죽었다 한다. 작은 물고기를 걱정하는 친구들도 있다.

이 좋은 분위기를 살려 다음 책을 읽었다.

『나쁜 씨앗』

아이들이 가장 읽고 싶다고 기대하던 책을 제일 마지막에 읽었다.
모두 모두 관심 집중!!!

책의 화면을 가득 채우는 험악한 씨앗, 난 삐뚤어졌어! 나도 어쩔
수가 없어.

씨앗의 이야기가 나온다. 삐딱해진 씨앗의 모습에 아이들이 조용히
본다. 걱정스러운 건지, 야단맞을까 봐 그런 건지, 조용히 관찰하는
것 같다. 아이들도 씨앗이 겪은 갑작스러운 일들을 잘 지켜봐 준다.
마지막에는 긍정적으로 이겨 내는 씨앗의 노력에 안도한다.

어수선하지만 보고 싶은 건 다 잘 보는 친구들에게 인사를 나누고

마쳤다. 4주 뒤에나 만날 수 있다고 인사를 하니 아쉬워하는 얼굴들, 나만 그렇게 느끼는 걸까? 이 반은 다른 활동가 어머님들이 어려워하며 피하고 싶어 하는 반이란다. 나도 안도했다. 이만하면 친구들과 나는 나쁘지 않게 서로서로 그림책을 즐긴 것 같다.

책으로 눈을 맞추다

· 읽은 이 : 소경숙 (구미지회)
· 읽은 날 : 2019년 12월 11일
· 읽은 곳 : 구미 장애인종합복지관
· 들은 이 : 성인
· 읽은 책 : 『아빠, 나한테 물어봐』, 『샐러드 먹고 아자!』, 『손 큰 할머니의 만두 만들기』, 『마법의 조막손』

오늘은 음식 이야기 2권, 유치원 이야기 2권입니다. 강의실에 가니 모두 기다리고 계시네요. 서로 눈 맞추고 인사합니다.

『아빠! 나한테 물어봐』는 유치원 아이가 아빠에게 수다 떠는 이야기라고 설명을 하고 시작했어요. 앞에 계신 분이 너무 재미있어 하셨어요. 슈퍼맨이 돌아왔다 TV프로그램에 홍경민 씨 자녀 라임이가 생각난다고 해요.

『샐러드 먹고 아자!』도 엄마가 아파서 샐러드를 만들어 드리는 내용이라고 설명하고 시작했고요, 마지막 다시마까지 넣었을 때 이렇게 해 주면 먹겠냐고 한 분께 물으니 먹겠다고 합니다. 그러자 다른 분이

"안 먹을 것 같은데요~." 합니다. 엄마가 아프시면 뭐 할 건지 물으니 어깨를 주물러 주겠다고 하시는 분이 계셨어요.

『손 큰 할머니』는 그림 설명과 왜 손이 크다고 하는지 등 소개하고 읽어주는데 계속 웃으시네요. 음식 책 두 권 모두 재미있어해요. 북한에서는 만두 먹고 한 살 더 먹고, 남한은 뭘 먹느냐고 물으니 떡국 먹는답니다. 마지막 장면 눈이 온 시골 풍경 보며 마당에 퉁가리며 어릴 때 내가 살던 집에도 있었고 10살까지 초가집에 산 이야기도 나누었어요. 『세상에 제일 힘센 수탉』 그림이 비슷하다고 합니다. 대단하죠!

『마법의 조막손』은 선천성 사지 장애아 부모회가 일본에 있고 그곳에서 만든 책으로 유치원에서 소꿉놀이하며 노는 이야기로 시작한다고 하고 시작했어요. 중간쯤 한 분이 얼굴이 벌개지며 울 것 같은 표정이 되었어요. 이야기 나눌 때 많이 놀림 받은 적이 있다고 합니다. 다른 분은 기관에서 거부당하기도 했다고 합니다. 나도 유치원 재롱잔치 때 내 아이가 못해서 속상했다며 지금은 단단해졌다고 말했어요. 한 분이 감기로 병원에 다녀와 늦게 오셨어요.

책읽어주기가 만든 만족하고 감사할 줄 아는 사람

· 읽은이 : 오봉선 (경주지회)
· 읽은때 : 2013년~2019년
· 읽은곳 : 경주 시장애인종합복지관
· 들은이 : 성인장애인

　　조금은 어색한 신입시절 난생 처음으로 동극을 접하고 공연까지 하게 되었다. 앞에서 무엇을 한다는 부담에 밤잠을 설칠 정도였다. 그렇게 《흥부와 놀부》란 동극으로 '동화로 여는 세상' 행사에서 처음 복지관 친구들을 만나게 되었다. 이때까지만 해도 내가 이분들에게 책을 읽어준다는 것은 상상하지 못하고, 어느덧 몇 년의 시간이 흐른 후 책읽어주기 활동을 부탁받았을 때 망설임 없이 하겠다고 했다

　　막상 책 읽어줄 때 2년은 너무 힘들었다. 그냥 지적 수준이 좀 낮은 것뿐이라고 인식하고 쉽게 생각했던 나 자신을 다독이며 감사하다, 고맙다는 말로 나를 위로하니 그다음부터 한결 편하게 대하며 책을 읽어줄 수 있었다. 7년을 넘게 복지관을 갈 수 있었던 이유는 우리 회

원들이 함께 있었기 때문이다.

장애인은 다른 사람들보다 천천히 조금은 늦게 이해하고 학습하는 것 같았다(내 경험으로는). 기억이 정확하지는 않지만 3년째부터는 조금씩 웃어주고 질문에 대답도 해주는 분들이 많아져 재미있게 활동할 수 있었다. 『바위나리와 아기별』을 읽어주었을 때 눈물 흘리던 늘 웃는 얼굴의 아름다운 청년이 지금도 생각난다. 첫사랑의 순수함을 슬펐지만 가슴 깊이 간직하고 싶다는 그 말을 나는 오랫동안 기억할 것이다.

60분 활동 시간 동안 한 주간 있었던 일들을 이야기하기까지 오랜 시간이 필요했지만, 콩나물시루에 물을 주듯 흘러버렸던 시간들이 어느덧 차곡차곡 쌓여 서로에게 이해와 위로, 다독여 주는 마음들을 표현해 주었을 때 세상 누구보다 행복한 활동가였다. 감정에 솔직하고 웃음에 거짓이 없던 이 친구들 덕분에 내 삶에서 비로소 작은 행복에 만족하고 감사할 줄 아는 사람이 된 듯하며 기회가 된다면 계~속 책 활동가로 늙어가고 싶다.

아이들과 함께 읽고 나누었던 이야기

· 읽은 이 : 박희정 (대구지회)
· 읽은 때 : 2010년~
· 읽은 곳 : 대구 화성지역아동센터
· 들은 이 : 초등학생

아이들을 만나기 몇 초 전, 문손잡이에 손을 올림과 동시에 심호흡을 한 번 한다.

9년을 이곳에서 아이들과 책을 읽었는데도 그렇다. 그날의 분위기에 대한 기대와 걱정이 호흡 속에 담겨지는 거다. 아이들은 볼 때마다 다른 표정이다. 문제집을 푸느라 바빠 보일 때도 있고, 놀이에 집중해서 곁을 주려 하지 않기도 한다. 가끔은 오랜만에 보는 것 같다며 반겨주고, 어떤 책 가져왔냐고 먼저 다가와 앉기도 한다. 이렇게 매번 다른 반응을 보이는 아이들이기에 늘 기대와 걱정이 앞선다.

처음 책읽어주기를 하면서 나는 내가 아이들에게 더 많은 것을 해

주고 있다고 생각했다. 아이들은 그저 읽어주는 책을 듣고 받아들이면 되니 내가 더 잘 읽어주기만 하면 된다는 생각이었다. 그런데 책을 읽다가 바라본 아이들 눈빛에서 알았다. 그게 아니라는 것을. '우리도 지금 같이 책 읽고 있어요!' 라며 아이들이 눈으로 말하고 있었다. 혼자 일방적으로 책을 읽어주는 것이 아니라 마주하며 함께 읽는 것이 바로 아이들과 함께하는 책읽어주기였다.

하지만 아이들은 너무 바쁘다. 해야 할 프로그램도 많고, 하고 싶은 게임도 많다. 날이 좋으면 밖에 나가 놀고 싶어 안달이다. 따뜻한 눈빛을 주며 책을 읽던 아이들도 언제 그랬냐는 듯 책을, 읽어주는 나를 반기지 않는다. 속상하기도 하고 조바심이 나기도 한다. 화도 난다. 하지만 인정해야 한다. 당연히 책보다 놀이가 먼저고, 게임이 더 재미있다. 인정하고 나도 마음의 여유를 가지면 책읽어주기가 더 편하다.

"아, 짜증 나!"라는 말을 뱉으며 책 앞에 앉는 아이, "사는 게 힘들어요." 푸념하며 옆에 와 앉는 아이도 가지고 간 책을 읽다 보면 어느새 표정이 밝아져 있다. 그림을 더 잘 보려고 고개를 내밀고 안 보인다며 옆 친구에게 투정을 부린다. 어느새 마음이 풀렸나 보다. 사는 게 힘들다 던 아이가 책 속 혹부리 영감님 노래를 '홍양홍양' 따라 부르며 공부방으로 들어간다. 짜증 난다던 아이도 "선생님한테 한 거 아니에요." 하며 슬그머니 옆으로 와 쓰다듬고 돌아선다. 나도 마음이 풀렸다.

여전히 아이들 시간을 비집고 들어가 책을 읽어주려 한다. 함께 읽고 나누었던 이야기, 재미, 여러 감정이 아이들에게 좋은 기억으로 남을 것이라 믿기 때문이다. 그래서 심호흡 또 한 번 하고 아이들을 만난다.

나의 책읽어주기를 가능케 하는 아이들과 어르신

· 읽은 이 : 황해진 (예천지회)
· 읽은 때 : 2012년~2019년

처음으로 1학년 아이들에게 그림책을 읽어준 경험은 잊을 수가 없습니다. 많은 사람들 앞에 서 본 경험이 없는 사람으로 어린아이들 앞에서도 긴장이 돼 엄청 떨리고 얼굴이 따끈해졌습니다. 스무 명이 넘는 아이들의 눈동자가 모두 나를 보고 있다니, 잘 읽을 수 있을까? 괜히 한다고 했나 봐⋯ 하는 걱정이 되었습니다. 드디어 시간이 되고 아이들이 모두 책을 볼 수 있는 대형으로 앉게 하고 나도 눈높이를 맞춰서 앉았습니다. 아이들이 내가 준비한 책에 관심을 가지고 이런 거 저런 거 하나씩 물어보고 대답해 주다 보니 긴장이 풀리고 내 아이에게 그림책 읽어주듯 읽을 수 있었습니다.

아이들한테 책 읽어주는데 뭐가 그렇게도 긴장이 되는지 책읽기

전날부터 가족들에게서 마음의 안식을 얻으려 했던 기억이 나서 부끄러워지기도 합니다. 책읽어주기 경험담이라고 하면 "내일 읽을 책이야. 한번 들어봐 줘." 하면서 아이들을 앉혀놓고 읽어주던 기억이 가장 먼저 납니다.

아동센터에서 책읽어주기를 했을 때 기억나는 아이들이 많습니다. 같은 학교에 다니지만 아동센터라는 낯선 환경에서 처음 만나는 선생님들, 지켜야 하는 규칙들, 많은 프로그램에 적응이 쉽지 않은 아이의 표정은 늘 어두웠습니다. '나의 꿈, 도전'이라는 주제의 그림책을 골라서 읽어주기로 했습니다.

칠판에 책을 정리하고 있는데 그 아이와 또래 친구들이 다가와서 오늘 읽을 책이냐고 물어보고 그림을 살짝 먼저 열어보면서 관심을 보였습니다. 아이들이 모이고 자리를 잡고 앉았습니다. 어디에서 책을 읽어도 먼저 그림을 보고 이야기를 나누는 것부터 시작합니다. 다행히 그 아이도 그림의 느낌을 조용히 이야기해서 놓치지 않고 다른 아이들에게 들리도록 대신 이야기를 했습니다. "와~" 하는 탄성을 아이들에게 듣자 부끄러워하더니 기분좋은 표정을 지었습니다.

4주 동안 읽어주기를 하면서 아이들에게 들었던 후기 중에 책을 읽어주고 싶다는 이야기가 있어서 모둠별로 친구들이 읽어보기도 했습니다. 먼저 읽겠다는 친구, 못 읽는다는 친구 등 잠깐의 회의를 마치고 부분을 나눠서 읽어주기로 했는데 활동에 소극적이던 그 아이도 즐겁게 책을 읽고 있었습니다. 책읽기를 마칠 때까지 하얀 이가 드러나도록 활짝 웃는 아이의 표정이 지금도 기억에 남아있습니다.

책읽어주기를 하면서 부모교육에서 들었던 '아이들의 무한한 가능성'에 대한 증거를 확인하였습니다. 실제로는 3학년인데 2학년 학습을 복습하는 어떤 아이가 책읽어주기 시간에 참여를 했습니다. 스마트폰으로 게임을 즐겨 하고 만화영상을 좋아하지만 학습이 되지 않으니 친구들은 물론이고 한두 살 어린 동생들에게도 무시를 받기 일쑤였습니다.

어느 날은 '환경'을 주제로 북극곰 그림책을 보여주고 이야기를 읽어주었는데 그림과 이야기를 듣던 아이가 "뉴스에서 봤어요~!" 하면서 "사람들이 쓰레기를 함부로 버리고 자동차에서 연기가 많이 나와서 북극곰이 살 집이 없어진대요."라는 이야기를 막힘없이 했을 때 선생님들과 아이들이 모두 놀라 그 아이를 쳐다보았습니다. 그러고 나서도 연기가 나지 않는 자동차 만드는 이야기는 없는지 물어보고, 비행기를 타고 다니면 되잖아요? 하면서 그동안 나무로 종이로 이것저것 만들어 놀면서 했던 생각들을 이야기하느라 한동안 박사님으로 통했습니다.

짧은 기간 동안 책을 읽어줄 때에는 읽어주는 이가 익숙하지 않아서 장난을 치거나 방해를 하는 아이들이 많았습니다. 듣기 싫으면 조용히 있기로 약속을 했는데 쉽지 않았습니다. 읽기 시작을 못 한 기억도 있었습니다. 다른 아이들에게는 약속한 책을 읽어줘야 했기에 장

난치던 아이에게 책을 읽어보자고 권했습니다. 그런데 다행히도 씩씩한 아이라 처음 본 책이었는데도 잘 읽어서 박수를 받았습니다.

책 읽어주는 선생님을 기다려 주는 아이들, 어르신들이 있어서 나의 책읽어주기 활동이 가능했습니다. 책 읽어주는 선생님이다~ 하며 기다려 주는 아이들에게 읽어줄 책을 고르고 잘 읽어주기 위해 여러 번 읽고 연습해 보면서 이 부분은 어떻게 읽어야 이해가 잘 될까, 감정이 넘치거나 오해하지 않을까 고민이 되기도 합니다. 고민하는 것이 당연한 일이 되고 다시 아이들을 만났을 때 아이들이 지난주에 읽었던 책을 도서관에서 빌려서 또 읽어봤다는 자랑을 하면 내가 아이들에게 꼭 필요한 일을 하고 있구나 하는 뿌듯한 마음이 듭니다.

책읽어주기로 더 오순도순하게

· 읽은 이 : 임혜미 (구미지회)
· 읽은 날 : 2020년 2월 20일 목요일
· 읽은 곳 : 좋은이웃 지역아동센터
· 들은 이 : 초등학생
· 읽은 책 : 『정신없는 도깨비』, 『비오는 날의 소풍』, 『쌍둥이는 너무 좋아』

센터에 가자 아이들이 들뜬 모습입니다. 물어보니 오늘 센터장님 생신이라고 해요. 몰래 선물을 준비하는 모습이 귀엽습니다. 오늘 평소보다 조금 일찍 갔는데 선생님께서 뒷시간에 프로그램이 있다고 하시네요. 2시 30분 전에 마치기로 했습니다. 독서방이 바뀌었어요. 아이들이 편하게 놀 수 있도록 바닥에 매트를 깔고, 낮은 책상을 들여놓았어요. 덕분에 책읽어주기도 더 오손도손하게 모여 읽어주게 되었습니다.

『정신없는 도깨비』를 보고 "어, 이거 봤는데, 그거잖아요!" 하며 책꽂이를 살펴봅니다. 『깜빡깜빡 도깨비』를 기억하네요. 그 책과 "어떻게 다른지" 들어보자고 했습니다. 올해 새로 온 친구 두 명이 맨 앞에 앉아 들었어요. "괴춤이 뭐예요?" 하고 모르는 단어를 물어봅니다. 농사꾼이 도깨비에게 돈이 제일 무섭다고 하자 의아한 표정입니다. 도깨비가 돈을 마당에 던지는 장면을 보고 웃습니다. 마지막 장면에서 도깨비가 다른 이에게 돈을 꾸는 모습을 발견하고 좋아했어요.

『비오는 날의 소풍』을 봅니다. 하ㅇ이가 "이 책이랑 비슷한거 봤어요! 비 오는 날인데, 이 책은 아니에요." 합니다. 소풍을 가서 놀고 있는데 주인이 와서 내 땅이라고 하는 장면에서 "내 땅 니 땅이 어딨어요. 그런 건 없어요." 합니다. 소풍이 잘 끝나자 좋아하네요. 이 책을 읽는 동안 책읽어주기 책상 뒤편에 있던 도미노가 쓰러져서 잠시 쉬었다가 시작했습니다.

마지막 책은 『쌍둥이는 너무 좋아』입니다. 하ㅇ이가 표지를 보고 "쌍둥이인데 인형은 달라요." 합니다. 쌍둥이가 싸우며 서로 밀다고 하자 아이들이 웃습니다. 각자 이불이 생긴 뒤 잠이 안 온다고 하는 장면에서도요. "어, 잠 안 온다 해놓고 금방 자네." 합니다. "어, 이불이 똑같아요!" 해서 앞의 장면으로 돌아가 이불 색을 살펴보았습니다. 센터장님 생신이라며 아이들이 들떠서 나갔습니다. 책상이 바뀌어 아이들이 가까이에서 그림을 보아서 좋고, 아이들이 들뜬 모습을 보니 저도 덩달아 설렌 마음이 들었습니다. 다음 주는 제 아이들이 봄

방학이라 책읽어주기 활동을 할 수 없을 것 같습니다. 센터장님께 다음 주 한 주 쉬고 3월부터 오겠다고 말씀드렸습니다.

3부
책읽어주기의 즐거움

그저 많은 아이들에게 책의 재미와 즐거움을 느끼게 해주고 싶다.
내 목소리가 꾀꼬리 같지는 않지만 잘 들리도록 큰 소리로 읽어준다.
아이가 하는 얘기를 기다려 줄 줄도 알고 길어지는 얘기를
끊을 줄도 안다. 책을 읽고, 읽어주면서 나는 행복하다.
어린이책의 재미를 더 깊이 느껴가는 중이다.
한창 사춘기인 아들과 청소년 동화를 함께 읽고 얘기 나누며
같이 성장하고 있다. 나이에 따라 읽는 책은 없다.
좋은 어린이책은 아이들에게도, 어른들에게도 즐거움이 된다.

눈으로 읽던 책을 마음으로 읽는다

- 책읽어주기 활동이 활동가 개인에게 미치는 영향

김현주 대구지회

나는 활자중독인가 할 만큼 그냥 책이 좋은 사람이었다. 그런데 아이를 낳고 어린이책을 읽으면서 알게 된 사실이 있다. 내가 독서를 좋아한다고 착각에 빠져있었던 것이다. 기억의 오류였다. 어릴 때는 책 읽은 후 엄마의 칭찬이 좋아서 책을 열심히 읽었던 것 같다. 조금 더 자라서는 심각한 일이 생기거나 어려운 문제가 발생했을 때 도피처로 독서를 이용했다. 뭔가 이상한 걸 발견했을 때는 정답을 찾기 위해 책을 뒤졌다. 어찌 되었든 돌고 돌아 지금은 책을 책으로만 볼 수 있어서 독서가 즐겁다.

아이에게 책을 읽어주며 느꼈던 행위의 불편함, 익숙하지 않은 그림책, 끝까지 다 읽어야 한다는 강박, 초보 엄마로서 고민이었다. 그림책을 볼 때 아이보다 더 뚫어질 듯 그림을 들여다보기도 하고 나 혼자 열심히 읽기도 하면서 아이와 함께 나의 유년기를 다시 보낸 것 같다. 어린이책을 읽다 보니 어딘가 나 같은 사람이 있지 않을까 궁금해졌고 얘기를 나누고 싶기도 했다. 마음 한쪽에는 책을 쉽게 접하지 못하는 아이들에게 도움을 주고 싶다는 막연한 생각도 있었다. 마음이 있는 곳에 길이 있다더니 어린이도서연구회를 만나게 되었다.

신입 1년 차에 읽은 우리나라 근대 동화들은 한두 가지를 제외하면 처음 보는 이야기들이었다. 그때의 신선한 충격은 우리나라 작가들에 대한 궁금증으로 이어져 많은 책을 읽었는데, 우리 회에서 1년에 한 번씩 발행하는 추천목록에 있는 책 위주였다. 추천되지 않은 책들까지 살펴보기엔 책을 보는 안목이 없었던 때였다.

회원들이 읽어주는 책과 옛이야기를 들으면서 귀로 듣는 일이 재미있고 내가 상상할 수 있는 시간을 선물 받는 느낌이었다. 책을 오롯이 즐기는 느낌.

책을 읽으면서 볼 때와 들으면서 볼 때의 차이를 직접 경험으로 느꼈던 시간들이 아이들에게 책을 읽어줄 마음의 준비가 되었다.

그림을 보고 나눌 것들이 많은 그림책이 따로 있지 않고 듣는 이와 읽어주는 이가 많은 얘기를 나누면 그게 바로 풍성한 그림책이란 것을 깨닫고, 듣는 사람에게 여백을 주는 책이 좋아지기 시작한 즈음이기도 했다.

도서관 행사에서 아이들에게 처음으로 책읽어주기를 했다. 모임에서 읽을 때보다 더 집중도 안되고 시끄러운 환경이었지만, 나를 향한 아이들의 눈빛은 진지했다. 한 페이지 한 페이지 넘어갈 때마다 하고 싶은 얘기가 얼마나 많은지, 엉뚱한 상상에 함께 웃었다.

학교에 동화동무씨동무 활동으로 동화책을 읽어주러 가야 했는데 워낙 앞에 나서는 것이 자신없어 책이라도 잘 읽자고 녹음을 여러 번 했다. 녹음을 해서 듣는 목소리가 어찌나 낯설던지….

책 읽어주는 선생님이라고 하니, '뭐지?' 하는 아이들의 반응은 나를 더 긴장하게 했다. 집중을 못하면 어쩌나, 재미없다고 하면 뭐라고 해야 할까 하는 걱정의 쓰나미가 밀려왔다. 지금 다시 생각해 보니 설레기도 했다. 아이들에게 책을 읽어주는 동안 아이들은 그림을 그리기도 하고, 아침연속극에서 봤다며 엉뚱한 이야기를 지어내고, 그림이 궁금하다며 앞으로 뛰어나오기도 했지만 귀로는 책을 다 듣고 있다는 표시였다. 내용이 시시하다고 투덜대던 아이의, 이야기에 빠진 눈과 마주쳤을 때 나를 향해 올려주던 엄지손가락은 그 어떤 칭찬보다 나를 행복하게 했다. 좋은 책은 아이를 책으로 끌어들이는 힘이 있다. 엄마, 가족, 학교에 대한 불평을 한가득 쏟아내던 아이들에게 "아, 그랬구나. 너네 힘들었겠다. 책을 더 열심히 읽어줘야겠네." 했더니 그새 또 집중했다. 책의 재미도 있겠지만 아이들과 책을 매개로 나눈 얘기들은 책 읽어주는 시간을 더 즐거운 시간으로 만들어줬다. 책 읽을 때마다 딴짓을 하던 아이에게 마지막 시간이 끝나고 손편지를 받았다. 책 읽어주는 시간이 너무 좋았다고, 떠들어서 죄송했다고 다음에 꼭 다시 오라고 적혀있었다. 책 읽어주는 것을 듣는 연습이 안 된 아이는 있어도 싫어하는 아이는 없다라는 생각에 확신을 가지게 되었다. 또 아이들은 책에서 나오는 이야기를 꼼꼼하게 살피기도 하지만 쉽게 진실이라고 받아들이기도 했다. 그래서 어린이들에겐 좋은 책을 줘야 한다는 것을 한 번 더 느꼈다. 상상에도 좋은 것과 나쁜 것이 있으니까. 만화책보다 더 재미있는 문학책들이 많은데 아이들이 잘 모르는 것 같아서 안타까웠다. 그 어떤 만화 주인공보다 용감하고 실패해도 포기하지 않는 주인공들이 많고, 아이들이 책을 읽으면서 하는 간접 경험은 큰 힘이 된다고 생각한다. 보이지는 않지만, 마음속에 힘이 차곡차곡 쌓이게 하는 것도 책읽어주기의 큰 장점이라고 믿기 때문이다.

책읽어주기를 할 때마다 반응이 늘 좋은 것은 아니었다. 듣기 싫다고, 재미없다고, 언제 끝나냐고 투덜대는 아이들을 처음에 만났을 땐 어쩔 줄 몰랐지만, 지금은 책으로 분위기를 자연스레 바꿀 줄 알게 되었다. 실패하기도 하지만 당황하진 않는다. 듣고 싶을 때도 있고 듣기 싫을 때도 있고, 내가 옳다고 생각하는 일이 늘 정답은 아니다.

장애인 복지관에서의 책읽어주기 활동은 책을 꼼꼼히 다 읽어줘야 한다는 생각을 바꾸게 했다. 내용이 많은 과학 그림책을 큰 그림 위주로 읽어줬는데 아이들이 너무 좋아했다. 흉내 내고 소리 내보고 시끌벅적한 시간을 보냈다. 늘 책을 고를 때마다 고민이 많았는데 내가 지식책에 대한 편견이 있었다는 걸 알게 됐다. 지식을 많이 주고자 욕심을 냈나 보다.

아이들의 반응이 좋을 때, 나쁠 때 일희일비했지만 책은 각자 다르게 읽을 수 있다는 걸 배웠다. 다른 아이들은 좋아하는데 싫어하는 한 명의 반응을 인정해야 한다. 그 아이에게 숨은 그 아이만의 얘기가 있을 수도 있다. 책을 읽다가 슬며시 질문을 던지면 아이의 입에서 얘기가 술술 나온다. 그렇게 그림책은 신기한 힘이 있다. 예전의 난 그림책을 봐도 잘 모르겠고 어려웠다. 이제는 좋은 그림책을 조금 알아볼 수 있는 것 같다. 대개는 내가 좋아하면 남들이 봐도 괜찮은 그림책이다. 아이들 반응은 나랑 같을 때도 있고 다를 때도 있지만, 재미있는 책을 발견하면 또 아이들에게 제일 먼저 보여줄 것이다.

지금도 책을 읽어주러 간다. 활동가라는 거창한 이름은 마음속에 다지고 그저 많은 아이들에게 책의 재미와 즐거움을 느끼게 해주고 싶다. 내 목소리가 꾀꼬리 같지는 않지만 잘 들리도록 큰 소리로 읽어준다. 아이가 하는 얘기를 기다려 줄 줄도 알고 길어지는 얘기를 끊을 줄도 안다. 아이가 좋아할 만한 책을 고를 수도 있고, 책으로 표나지 않게 아이를 위로할 수도 있다.

책을 읽고, 읽어주면서 나는 행복하다. 어린이책의 재미를 더 깊이 느껴가는 중이다. 한창 사춘기인 아들과 청소년 동화를 함께 읽고 얘기 나누며 같이 성장하고 있다. 나이에 따라 읽는 책은 없다. 좋은 어린이책은 아이들에게도, 어른들에게도 즐거움이 된다.

책과 책 사이의 '우리'

- 책읽어주기 목록

박나영 경산지회

책읽어주기 활동을 시작하고 1년이 흐른 즈음에 가장 고민이 되는 것은 매주 '어떤 책을 읽어주어야 될까'였다. 어린이도서연구회 활동을 하면서 어린이책을 많이 접하고 있었지만 '내가 읽어서 즐겁고 재미있는 책이 아이들에게 읽어주었을 때 즐겁고 재미있는 책일까?'에 대한 확신이 없었다. 경산지회 내부에서도 매주 어떤 책을 읽어주어야 할지에 대한 고민과 활동처 한 곳에 여러 명의 활동가가 함께 활동하는 곳에서의 중복되는 책들에 관해 의견을 나누고 있었다. 그러다가 대구경북지부 임원연수 토론 모둠에서 '미리 목록을 짜보자'라는 회원의 이야기가 계기가 되어 책읽어주기 목록 작성을 시작해 보았다. 그해에 나는 시골 초등학교에 매주 목요일 아침에 책읽어주기 활동을 계획하고 있었다. 새 학기가 시작되는 3월부터 여름방학을 앞둔 7월까지 목록을 작성해서 학교에 제출하고 도서구입도 요청했다. 책 읽어주기 대상이 되는 학생들은 초등 1, 2학년 학생들이었다. 책읽어 주기를 처음 시작하는 활동처였고, 조금은 열악한 환경의 시골학교여 서 책읽어주기를 처음 경험하는 아이들이 많은 학교임을 고려하여 목 록을 작성하였다. 아침 교실 책읽어주기는 하루의 '시작'이라는 것 또한 목록 작성에 고려 대상이었다. 조금은 새롭고 소리 내서 웃을 수 있는 책, '스마트폰'에 익숙한 아이들이 '책'이 이렇게 재밌는 것이 라는 것을 조금이라도 느낄 수 있으면 좋겠다고 생각했다. 뜻밖에도 내가 재미있는 책, '나'를 변화시키고 즐겁게 해주었던 책들이 전달 되는 과정에서 아이들과 '함께' 좋은 책으로 만나게 되기도 했다. 아 이들에게 읽어줄 책을 준비하는 과정에서 '내가 재미있는 책'을 만나 는 경험도 하게 되었다. 그 과정 또한 '책읽어주기'의 즐거움이었다. 내가 재미있는 책의 '재미'라는 것은 때로는 보편적이어서 아이들의 '공감'을 받아내기도 했다. 책 읽어주는 '나'가 즐거워야지 아이들도 함께 즐거울 수 있었다.

새 학기가 시작되고 새로운 아이들을 교실에서 만나게 되면 항상 준비하는 책들이 있다. 반짝이는 눈동자에는 새로운 시작의 기대와 설렘이 가득하다. 새로이 인사를 건네는 마음으로 아이들에게 건넬 책을 준비한다. '책'으로 건네는 첫인사는 항상 따뜻하다. 위로와 응원, 격려가 책으로 전달된다. 책읽어주기에 집중하지 못하고 산만한 아이들이 많았던 교실 책읽어주기 활동이 있었다. 아이들은 추상적이고 이어지지 않는 이야기에 집중하지 못했다. 한 권을 읽어주는 것이 많이 힘든 시간이었다. 여러 책을 아이들에게 읽어주면서 아이들에게 맞는 책을 찾아갔다. 아이들은 기승전결이 있으며 조금은 익숙하고 재미있는 옛이야기에 선택적으로 집중했다. 옛이야기는 스테디셀러이다. 아무리 들어도 질리지 않고 항상 새롭다. 들려주는 사람에 따라 이야기가 달라지기도 하는 옛이야기는 책읽어주기 활동의 필수목록이었다. 도서관에 앉아 책을 읽는 아이들의 책을 살펴본다. 10명 중 9명, 때로는 10명 중 10명이 학습 만화책을 읽고 있다. 학습 만화보다 더 좋은 책들은 무궁무진하게 많은데 알려줄 방법이 막막하기만 하다. "할 것이 많은 아이들이 학습 만화라도 읽으니 다행이라 생각해요."라고 부모님들은 이야기한다. 아이들은 점점 바빠지고 할 것도 많아졌다. 긴 줄 책을 읽을 시간의 여유도, 마음의 여유도 찾기 힘들다. 빠르게 전환되는 스마트폰의 화면과 생각할 여유 없이 몰아치는 학습 만화의 전개 방식은 사색이 동반되는 '독서'와 한참 거리가 멀어 보인다. 아이들이 학습 만화보다 더 쉽고 재미있게 접할 수 있는 과학지식 그림책이 많이 발간되고 있지만 아이들이 접할 기회가 많지 않다. 책읽어주기 활동에 적극 활용이 필요하다 생각했다. 『머릿니』 책을 읽어주었을 때 모두가 머리가 간지럽다고 긁기도 하고, 배추흰나비 알 100개의 생사에 온 신경을 집중하기도 했다. 과학지식 그림책을 읽어주었을 때 아이들에게 가장 많이 받았던 질문 중에 하나가 "선생님, 그 책 우리 학교 도서관에 있어요?" 였다. 아이들은 좋은 책이 가까이에 있다면 언제라도 읽을 준비가 되어있었다. 아이들에게 읽어줄 책을 가방에 담고 빈 공간에 여러 권을 함께 챙겨다녔다. 어느 날 비 오는 아침에는 읽어줄 책이 갑자기 바뀌기도 했다. "얘들아 비가 오네. 비 오니까 우리 비가 왜 오는지 그림책에게 한번 물어볼까?" 라고 이야기하며 『왜냐면』을 꺼낸다. 어떤 날은 아이들 모두가 좋아하는 『알사탕』을 갑자기 읽어달라고 할 때도 있다. 목욕탕 이야기가 이어지면 『장수탕 할머니』가 등장해야 된다. 똥 이야기는 끝이 없어서 가방 속 단골손님이었다.

그림을 보여주면서 글을 읽어주는 '책읽어주기' 는 단순한 전달이 아니다. 그 순간은 서로의 이야기를 주고받는 시간이다. 아이들은 짧은 그림책 한 권 속에서도 수백 가지의 이야기를 찾아내곤 했다. 우리가 미처 눈치채지 못한 이야기를 찾아내어 알려줄 때도 있었다. '책읽어주기' 는 한 권의 그림책이 나의 입을 통해 아이들에게 전달되고 그 한 권이 수십 권의 책으로 다시 태어나는 과정과도 같았다. 아이들의 반응을 살피며 눈을 맞추고 천천히 읽어가는 시간 동안 한 권의 책은 온전히 우리의 것이 되었다. 어떤 책을 읽어줄지 고민하고 도서관을 서성였던 시간들은 아이들을 만나기 전 준비하는 시간이다. 아이들이 좋아했던 책, 함께 공감하고 함께 소리 내어 웃었던 책들은 다가올 시간의 아이들에게 고스란히 또 전달될 것이다.

3년 전 유치원에서 만났던 아이들이 올해 초등학교에 입학했다. 유치원 시절에 읽어주었던 책을 초등학생이 되어서도 만나게 될 것이다. 앞선 아이들이 그러했듯이 언니, 오빠의 느낌으로 그 책들을 새롭게 받아들일 것이다. 그 변화의 과정을 지켜보는 일이 즐거움으로 자리 잡는다.

선한 영향력을 불러일으키는 아름다운 물결

- 책읽어주기 활동이 우리 사회에 미치는 영향

백민선 구미지회

2009년 어린이도서연구회 구미지회 회원으로 들어왔다. 신입과정을 지나고 그다음 해부터인 2010년부터 책읽어주기 활동을 시작했다. 책 읽어주는 것이 개인적으로 즐겁고 의미 있는 일이라고 생각하고 그전부터 일상에서 하고 있었기 때문에 지회에서 책읽어주기 활동을 하는 데는 크게 문제는 없었다. 그렇다 보니 자연스럽게 책을 읽어주는 활동가로 함께하게 되었고, 많은 기관에서 아이들도 만나고 다양한 어른들도 만났다.

책읽어주기는 사람과 책을 이어준다. 그리고 사람과 사람도 이어준다. 지역아동센터에서 많은 초등친구들을 만났고, 복지관에서는 우리나라에 와서 새로운 삶을 꾸려나가고 있는 이주여성분들의 이야기를 들었으며, 혜당학교에서는 장애를 가지고도 즐겁게 이야기 속으로 빠져드는 친구들과 즐거운 시간을 보내기도 했으며 도서관 마당에서 책을 읽을 때는 불특정 다수의 시민들과 성별 상관없이 다양한 연령대의 분들을 만나는 즐거움도 있었다. 또한 기관에 계신 활동담당자들과 센터장님들이 책 읽는 활동을 학습의 연장으로 생각하실 때는 안타까운 생각이 들기도 했었고, 우리의 취지에 맞게 특별한 독후활동 없이도 아이들이 책의 즐거움에 고스란히 젖어드는 시간을 가지게 하면 된다는 분들을 뵈면 신이 나기도 했다. 이렇게 책읽어주기 활동을 하면서 매주 한 번씩 짧게는 1년, 길게는 3년을 한 기관에서 활동했고 그러면서 서서히 변화되는 아이들도 보게 되고, 어른들의 모습도 보게 된다.

우리 사회는 수많은 사람들이 모여 더불어 살아가는 공동체이다. 모든 활동은 사회 속에서 어우러지고 있다. 개인이든 기관이든 사회 전반적으로 영향을 미치지 않는 활동은 없다. 그렇기에 어떤 활동이 선한 영향력으로 작용해서 긍정적 변화를 불러온다면 그 활동은 더 적극적으로 권장되어야 한다고 생각한다. 10년 동안 책읽어주기 활동을 하면서 사회적으로 더디지만 긍정적 변화를 가져왔음은 분명하다고 말할 수 있겠다. 어린이도서연구회에서 책읽어주기 활동을 해 준다는 것을 알고 기관에서 먼저 활동 의뢰가 들어오는 부분도 그렇고, "아이들이 책 읽어주는 시간을 기다립니다."라고 말해주는 기관장님들의 이야기를 들어봐도 그렇고 "선생님~ 오늘은 무슨 책 가지고 왔어요?"라고 하면서 책에 대한 궁금증과 호기심을 가지고 묻는 아이들 얼굴에서 그걸 느낄 수 있다.

처음에는 "책 재미없어요." 하며 책에 전혀 관심 없어하던 친구들 이 서서히 책에 귀를 기울이고 다가오는 것을 보면 슬그머니 웃음이 나기도 한다. 또한 다양한 장르의 그림책을 다양한 기관에서 읽어주 고 간담회 등에서 알려주다 보니 그림책에 대한 관심도 늘어나게 되 고, 전집 위주의 문학이 아닌 단행본 그림책을 알리는 역할도 자연스 럽게 하게 된다. 활동가에게 들은 책을 학교도서관에서 빌려와서는 다시 읽어달라고 하는 친구들을 만나면 더 신바람이 나기도 한다.

우리 회의 책읽어주기 활동은 내 아이, 우리 아이, 겨레의 아이로 모든 아이들이 그 대상이 된다. 어른으로서 아이들에게 책을 읽어주 면서 서로 눈맞춤을 하고 귀를 기울이는 행위는 소통을 하는 것이다. 그 소통의 중심에 책이 있게 된다. 책을 읽다 보면 가끔 우리 친구들 은 자기 상황을 이야기할 때가 있다. "나도 저럴 때 있었어요.", " 우 리 집도 저래요." 그럴 땐 슬쩍 "그랬었구나." 하며 공감도 해 주고 "어떨 때 그랬는지 말해줄 수 있어요?"라며 물어봐 주기도 한다. 책을 통해 이야기를 하면서 자신의 기분이나 마음 등을 표현하는 것이다. 이런 상황에서 어른들은 아이들의 어떤 이야기라도 경청해 주고 그들 의 목소리에 집중하면서 아이들은 자신을 존중하고 인정해 주는 어른 들의 모습을 볼 수 있게 된다. 책이 매개가 되지만 결국 그 속에 사람 이 있는 것이다. 사람과 사람이 만나 좋은 책을 읽어주는 활동. 그것이 바로 책읽어주기 활동이고 그 활동은 이렇게 아이들과 기관, 나아가 사회까지의 변화를 만들어 내는 것이다.

　나 역시 책읽어주기 활동을 하면서 아이들의 말에 집중하게 되고, 무조건적 반응을 해 준다. 우리는 누군가 나에게 집중해서 내 말을 들어주고 수용을 해 주면 기분이 좋아진다. 그렇기에 이주여성분들과 함께 한 책읽어주기 활동은 또 다른 소중한 추억이 된다. 그들이 살아가는 이야기를 오롯이 들어주고 공감해 주는 그런 시간이었던 것이다. 그 또한 그림책을 읽어주면서 가능했던 시간이었기에 더 소중하다.

　책읽어주기 활동의 즐거움은 읽는 즐거움도 있지만 들어보는 즐거움도 있다. 그 듣는 즐거움을 알기에 어른들이 아이들에게 '책을 읽어라.' 가 아닌 '내가 읽어줄게.' 가 될 수 있다. 또한 책 읽어주는 것은 아이들만이 아니라 어른이 들어도 참 즐거운 행동이라는 인식변화를 가져온다. 가끔 기관장님들이나 복지사 선생님들이 같이 책을 듣고는 "같이 들으니 진짜 재미있네요." 이렇게 말을 하기도 하고, 도서관 앞마당에서 전시를 하다 어르신들을 앉혀 놓고 읽어드리면 그림을 쳐다보며 듣는 모습이 그렇게 이쁠 수가 없다.

　기관에서 책을 읽어주면서 제일 아름다운 풍경은 아이들이 책을 읽어주는 순간이다. 활동가처럼 책을 잡고 친구들 앞에서 읽어주기도 하고 "선생님~ 제가 읽어줄래요." 하는 말을 하는 친구들이 있다. 얼마나 아름다운 선순환인가? 이처럼 책은 문자언어를 인식하는 순간 그것을 음성언어로 읽어낼 수만 있다면 누구나 가능한 것이다. 그 아이들이 자라서 어른이 되어 세상의 아이들에게 또다시 책을 읽어준다면 얼마나 근사한 일인가? 이렇듯 아름다운 책읽어주기가 사회 곳곳에서 일어난다면 아름다운 문화가 만들어질 수 있다고 본다. 나는 10년 동안 책읽어주기를 하면서 내가 읽어주는 것도 행복했지만 아이들이 직접 읽어줄 때 듣는 즐거움이 가장 컸다.

이렇듯 책읽어주기 활동으로 사회 속에서 역동이 일어난다는 것은 큰 축복이다. 그것은 바로 아이들의 가슴에 작은 희망의 꽃씨를 심는 것과 같다고 생각한다. 그렇게 공동체는 더 아름답게 이어진다. 우리 회에서 내부적으로 실시되던 책읽어주기 활동은 각 초등학교 부모와 교사를 대상으로 한 외래강의로 확산되었고, 학부모들을 대상으로 한 간담회를 지원했으며 청소년들에게도 확산되었다. 청소년들이 도서관에서 책을 읽어주는 모습을 지켜보면 얼마나 감동인지 모른다. 이렇게 지역사회에서 책읽어주기 활동이 하나의 문화로 형성될 수 있도록 어린이도서연구회에서 끊임없이 활동을 하고 있는 점은 지역사회에 작은 날갯짓을 하고 있다고 볼 수 있다. 우리의 지속적인 책읽어주기 활동이 느리지만 아름다운 문화를 만들고 물결을 만들어 내고 있는 것이다. 이처럼 책읽어주기 활동은 사회의 변화를 가져오면서 선한 영향력을 불러일으키는 아름다운 물결이라고 말하고 싶다. 그 물결을 위해서 오늘도 나는 『미스 럼피우스』처럼 책 3권을 들고 설레는 마음으로 씨앗을 뿌리러 나서본다.

책을 읽는다, 그 순간을 함께한다

- 책읽어주기 활동가

안연희 영천지회

2001년 봄, 어린이도서연구회에 가입을 했다. 어느 날 한 회원이 앞풀이로 권정생의 『강아지똥』을 읽어줬다. 처음 만난 책읽어주기 경험이었다. 그림책을 어른들에게 읽어주나? 생소하네! 라는 생각이 들었고 거기에 대해 어떤 기대도 없었다. 누군가에게 권해주거나 선물을 하고 추천을 받을 수도 있지만, 필요할 때 찾아서 혼자서 보는 것이 책이었다. 함께 나누더라도 그것은 각자 따로 읽은 후의 일이었다. 혹시 책을 읽어준다면 그것은 글자를 모르는 유아들을 위해 귀찮지만 마지못해 하는 일이라고 알고 있었다. 막상 한 장 한 장 책장이 넘어가고 나도 모르게 책 속으로 빠져들었다. 특히 강아지똥이 민들레를 껴안는 장면에서 충격을 받았다. 아이들 책을 굳이 읽어주니 대충 들어주지 하는 건방진 생각도 한편 있었는데, 그림책이 주는 깊은 재미와 감동은 예상을 뛰어넘었다. 그때부터 시작이었던 것 같다. 마음에 드는 그림책을 만나면 한 권씩 사고 누군가에게 읽어주고 싶어졌다.

모임에서 한 권씩 만나는 그림책은 늘 새로운 세상이었다. 그동안 모르고 살아서 안타까웠고 이제라도 만나서 감사했다. 좋은 책은 정말 좋았고 그 책들을 막 보여주고 막 자랑하고 싶었다. 그런데 결혼해서 살게 된 영천은 아는 사람도 없고 낯도 많이 가려서 마땅히 대상이 없었다. 어쩌다 친구들을 만나면 그림책부터 읽어주기 바빴다.

신입회원이 되고 가장 많이 들었던 말이 "내 아이뿐 아니라 세상의 모든 아이들에게 좋을 책을 권해주는 일이 우리가 할 일이다." 였다. 오랫동안 나는 이 사명감을 가지고 책을 만났다. 나뿐 아니라 우리 회원들은 거의 모두 이런 마음으로 어린이책을 함께 읽고, 본인들의 아이에게 읽어주고 반응이 좋으면 아이의 친구에게 읽어주고 또 아이 반에 읽어주고, 읽어준 후기를 또 함께 나누고… 그렇게 회원들은 세상의 모든 아이들을 향해 마음을 열기 시작했고 시선도 자연스럽게 넓어졌다. 누군가는 친구에게 누군가는 학교나 도서관에서 아이들에게, 각자 생긴 만큼 할 수 있는 만큼 조금씩 조용하게 책을 읽어주는 용기를 냈다. 그냥 소소하고 조용한 책읽어주기를 즐기던 나는 2004년부터는 활동가가 되어야 했다. 책읽어주기가 회원들이 각자 개인적으로 하는 활동이 아니라 '책, 읽어주세요' 라는 이름으로 회의 가장 중요한 활동이 되었고, 전국의 거의 모든 회원들이 책읽어주기 활동가가 되었다. 나는 낯선 공간에 가면 숨이 잘 안 쉬어지고 낯선 사람과는 말을 하지 않는다. 어른이 되고 사회생활을 하면서 애써 견뎌내긴 하지만 굳이 찾아서 할 일은 절대 아니다. 그런데 함께 책을 나누던 회원들이 학교 교실로 지역아동센터로 특수학교로 책읽어주기를 하겠다고 모두 나서는 상황에서 내가 빠질 객관적인 이유가 없었다. 나도 손을 들었다. 좋은 책을 가능하면 많은 아이들과 나누어야 한다는 나 스스로의 책임감 의무감 사명감이 무거웠다.

  잠을 못 자고 밥을 잘 못 삼키고 가슴이 답답하게 죄어 와서 숨 쉬기가 힘들었다. 학교에 가기로 한 순간부터 그랬다. 다섯 살 아들을 앉혀놓고 "형아들이 이 정도 거리에서 이 그림이 보일까?", "엄마 목소리가 잘 들리는지 들어봐 줘.", "이 책하고 이 책하고 어떤 책이 더 좋을까?"… 끊임없이 연습을 했다. 책 읽어주러 가는 날은 다섯 살 아들에게 "뽕뽕이 보고 있어. 엄마가 학교에 가서 형아들 책 읽어주고 금방 올게." 그러면 아이는 싫은 내색 전혀 없이 잘 읽어주고 오라고 응원해 줬다. 그때는 별일 아닌 줄 알았는데 지금 생각해 보면 아이가 참 고맙다. 5살부터 유치원 3년을 일주일에 한두 번은 내가 책 읽어주는 동안 아침에 혼자 있었다. 학교에 책 읽어주는 시간이 8시 40분부터 9시까지이고, 유치원 가는 시간은 9시 30분이라서 책 읽어주고 돌아와서 아이를 유치원에 보내야 했다.

  누군가는 도전해 보고 싶은 일일 수 있고 누군가는 원하던 일일 수도 있고 누군가는 벅찬 일일 수도 있는 책읽어주기를 나는 너무나 버겁고 무겁게 시작했다.

그렇게 교실 문을 열었다. 눈동자 60여 개가 나를 쳐다봤다. 무서웠다. 1학년이라 괜찮을 줄 알았는데 그렇게 연습을 많이 하고 마음 준비를 열심히 했는데 허사였다. 목소리가 떨려 나오고 책 읽는 호흡이 부정확하고 눈길을 둘 데가 없었다. 정신도 없고 여유도 없이 읽어내는 데 급급했다. 2004년 늦은 어느 봄, 이때부터 일주일 동안 잠 못 자고 숨 못 쉬고 연습하고 책 읽어주고, 또 일주일을 그렇게 보내고… 아주 오랜 시간을 그렇게 보냈다.

사람들은 내가 책읽어주기를 즐기기 때문에, 상황이 되기 때문에 쉼 없이 한다고 여긴다. 10여 년을 숨도 못 쉬게 힘들었다고 하면 믿지 않는다. 누가 억지로 시키는 일도 아니고 눈에 보이는 대가가 있는 것도 아니다. 그럼에도 내가 당연히 해야만 하는 일이라는 생각을 했기 때문에 매 순간 힘든 것은 견딜 수밖에 없었다. 다행히 햇수가 쌓일수록 조금씩 숨이 쉬어지고, 한 10년쯤 버겁게 부대끼고 나서야 좀 덜해졌다.

책 읽어주는 회원들은 각자 다 사연이 많다. 힘들지만 지속적으로 활동하는 회원도 있고, 좋아하지만 부득이한 사정으로 그만두는 회원들도 있다. 시간적인 여유가 도저히 안 날 것 같은데도 한 곳이라도 더 읽어주려 마음을 내는 회원들도 있다. 책 읽어주러 가는 것도 녹록지 않다. 차가 없는 회원이 대부분이고 대중교통이 원활히 운영되는 것도 아니다. 택시를 타기도 하고 일찍부터 걷기도 하고 남편 차를 하루 빌리기도 한다.

바쁘기도 하고 일도 많다. 아이들, 신랑, 시어른들, 집안일, 다른 중요한 큰일들, 예기치 못한 사건들… 집안 식구들의 시선이 곱지만은 않다. 본의 아니게 내 아이가 뒤로 밀리고 내 가족이 뒤로 밀릴 때, 아이들은 오히려 이해해 주지만 신랑들은 그렇지 않다. 나쁜 짓을 하는 것도 아닌데 괜히 가족들 눈치를 많이 보기도 한다. 특히 아이가 갑자기 아플 때 가장 난처해진다. 그래서 부득이한 상황에는 회원들끼리 일명 '대타'를 해준다. 책읽어주기 약속은 최대한 지키려고 모든 회원들이 신경을 쓴다.

2004년부터 삼사 년 동안 외곽에 있는 특수학교에서 활동한 적이 있다. 30분 정도 운전해 가야 하는 곳이고 온전히 오후 시간을 써야 하는 일이었다. 일반 학교처럼 한 명이 한 학급을 맡을 수 없어서 활동가가 많이 필요했다. 그때 차를 가지고 있는 회원이 두 명뿐이어서 그 두 명은 무조건 격주로 운전을 해줬다. 또 그날 활동하는 회원들은 아이들이 유치원에서 돌아오는 시간을 맞출 수가 없다. 그러면 임신 중이라 남아있던 회원이 동네 아이들을 다 받아서 간식도 주고 함께 놀리면서 기다린다. 실제로 책을 읽어주러 나서지 않더라도 모든 회원이 활동가인 셈이다.

힘든 상황에서도 꿋꿋이 활동하는 회원들이 디딤돌이 되어 걸어가는 힘이 된다. 아이들의 반응이 어땠는지, 분위기는 좋았는지, 책이 적절했는지, 돌발 상황은 없었는지, 고민되는 지점은 무엇인지 등을 나누고 함께하면서 서로 힘을 보탠다.

처음 책을 읽어줄 때는 상황을 살필 겨를도 분위기를 끌고 갈 여유도 없이 읽어 내기에 급급하다. 아이들 반응이 냉랭하면 어쩌나 재미없다고 하면 어쩌나 싫다고 하면 어쩌나 마음도 많이 졸인다. 그럼에도 눈길도 주고 반응도 살짝살짝 보여주고 재미있는 부분에서는 깔깔깔 웃어도 주고, 그렇게 아이들은 조금씩 자리를 내어 주고 나는 한 발씩 다가가고 그랬다. 그렇게 학교 교실로 도서관으로 지역아동센터로 아이들을 만날 수 있는 곳이면 책을 들고 나섰다. 많을 때는 한 해에 서너 기관에서 책을 읽어주기도 했다.

2011년에 작은도서관에 매주 읽어주던 아이들 중에 1학년 지○이는 늘 시간보다 30분이나 한 시간쯤 일찍 와서 기다리곤 했었다. 하루는 지○이가 안 보여서 어디 가족여행이라도 갔으려니 했다. 책을 막 읽기 시작할 때 아이가 들어오는데 깜짝 놀랐다. 온 얼굴이 시커멓게 멍이 들었고 눈부터 이마까지 너무 심하게 부풀어 올라있었다. 뒤따라 온 지○이 어머니 말씀이 학교에서 나오다가 넘어져서 크게 다쳤는데, 책 들으러 꼭 가야 한다고 막무가내로 고집을 부려서 응급치료만 하고 데리고 왔다고 했다. 지○이가 고맙기도 하고 걱정되기도 하고 어머니 입장에서 이 기막힌 상황에 오죽하면 아이를 데리고 왔을까 싶어서 미안하기도 하고 그렇게 책을 읽었다. 지○이는 당연히 집중도 못하는 상태에서 그 시간을 다 듣고 돌아갔다. 항상 일찍부터 와서 기다리는데 막상 책을 읽어주면 다른 아이들보다 집중도 안 하고 반응도 없던 아이가 지ㅇ이다. 그래서 그냥 심심하고 놀 친구가 없어서 올 뿐이지 책에는 별 관심이 없다고 생각했다. 수년째 책을 읽어주고 있지만 돌아오지 않는 메아리 같아서 막연할 때도 있고 어른들 좋아서 하는 일일 뿐 아이들은 진심으로 원하지 않은 것은 아닌지 의구심이 생길 때도 있다. 지ㅇ이가 그 대답을 준 것도 같고, 무심히 의무감으로 그냥 일처럼 읽어주지는 않았는지 반성도 되었다. 아이들의 눈을 마주 보면서 책을 나눌 여유도 생겼으니, 책만 읽지 말고 아이들도 읽어주면 좋겠다, 아이들 이야기를 들어주면 좋겠다, 그런 생각을 했다.

　그동안 책 한 권 한 권을 열심히 사귀고 그 책이 생긴 그대로를 최선을 다해 아이들에게 전해주려 애썼다면, 시간이 지나면서 아이들을 보게 되었다. 누군가에게 쉽게 하지 못할 속 이야기들을 책은 아이들에게서 끌어내는 힘이 있었다. 학교에서 무슨 일이 있었는지, 친구가 왜 울었는지, 엄마가 얼마나 잘못하는 게 많은지, 왜 화가 났는지, 형제들이 어째서 미워죽겠는지, 누구를 좋아하는지, 집에서 학대를 당하는 것까지도(본인은 학대라는 것을 인지하지 못하고 이야기하는 경우들)⋯ 책을 읽는 동안 아이들은 책 속을 드나들면서 온갖 이야기를 풀어냈다. 그리고 아이들이 해석하는 책은 우리 어른들과는 완전히 새로울 때도 많았다. 책읽어주기는 주는 것이 아니라 함께 나누는 것이 맞다. 아이들에게서 짐작하지도 못했던 이야기들을 듣고 벅찬 어떤 감정들을 받기도 한다. 이렇게 아이들을 매주 만나다 보면 개인적인 사정이 책읽어주기 활동을 못 할 이유가 되지 않고, 그만 멈출 다른 이유도 없다. 이러저러해서 못 할 것 같은 상황이지만 그럼에도 할 수 있는 방법은 없는지 고민하고 방법을 찾게 된다. 그래서 활동한 햇수가 한 해 두 해 거듭되고 오래 활동한 회원들은 책읽어주기를 당연한 일상처럼 여긴다. 해가 바뀌어 기관에서 활동가를 찾으면 손을 들고, 한 해가 마무리되어 마칠 때 내년에 다시 볼 수 있으면 좋겠다는 인사를 한다.

책읽어주기가 결코 쉽지 않다. 아이들을 만나는 일도 호락호락하지 않다. 책을 읽어주는 동안 딴청을 피우거나 활동가를 투명인간 취급을 하기도 하고 아예 시끌시끌 떠들어서 목소리가 완전히 묻혀버린 때도 있다. 아주 심하게 마음이 상할 때도 있고, 매주 힘겨운 투쟁을 하는 기분일 때도 있다.

2004년부터 한 해도 쉬지 않고 다양한 곳에서 다른 색깔의 아이들에게 책을 읽어주었다. 어떤 일을 어느 정도 하면 내성이 생기고 편안해질 것 같은데 책읽어주기는 그렇지 않았다. 활동 기관에 따라 대상에 따라 책에 대한 고민도 상황마다 달라진다. 활동가들이 개인적으로 몸에 탈이 나기도 하고 심리적인 감정의 변화를 스스로 감당하지 못할 때도 있다. 함께하던 회원들이 하나 둘 떠나가거나 새로운 활동가나 더 이상 나오지 않는 현실에 기운이 빠지기도 한다. 그럼에도 코로나로 불편한 요즘도 원하는 곳이 있으면 마스크를 쓰고 조심스럽게 책을 읽어주는 회원들이 있다.

책을 읽는다. 한 장 한 장 넘길 때마다 눈길들이 같은 곳을 향한다.

한 호흡 한 호흡 같은 숨을 쉰다. 긴장감 속에 묘한 정적이 흐르고 순간 멈춘다. 그 공간에 그 시간에 함께라서 행복하다.

책읽어주기, 어디에 가서 읽어줄까?

- 책읽어주기활동 기관

우윤희 대구지회

2004년 포항지회가 처음 책읽어주기 활동을 주력 활동으로 정하면서 어디로 가서 책을 읽어줄 것인가를 결정해야 했다. 글을 스스로 읽지 못하는 이들을 찾아갈까. 글을 읽을 수 있다고 책을 읽는 건 아닌데. 평소에 책을 쉽게 접하지 못하는 곳이 좋겠지? 여러 의견들이 오고 갔다. 어설펐지만 공문을 만들어 복지관, 복지시설 등 여러 기관에 보냈고, 몇몇 기관에서 관심을 보였다.

그중에서 내가 처음으로 간 곳은 모자원이라는 곳이었다. 이혼이나 사별로 엄마와 아이들이 일정기간 생활하는 곳이었다. 2층에 책이 잔뜩 꽂힌 방이 있었는데 아이들 손길이 전혀 닿지 않은 책들이었다. 그곳에서 일주일에 한 번 30~40분 정도 책읽어주기를 하기로 했고, 회원들은 격주 또는 한 달에 한 번 가도록 배정했다. 아이들은 책을 읽어주겠다고 온 낯선 아줌마들에게 다가오기도 하고, 거부하기도 했다. 등을 돌리고 앉아 "나는 책을 보지 않겠다."는 강력한 의지를 보이기도 하고, 지난번에 읽은 책을 다시 읽고 친구들에게 같이 듣자고 꼬시기도 했다. 당시 포항지회는 자체 예산으로 일주일에 한 권씩 읽어줄 책을 구입하고, 읽고 난 뒤 그 기관에 책을 기증하는 것을 원칙으로 했다. 한 번 읽어주고 돌아서 오는 게 아니라 책은 두고 와서 아이들이 우리가 가지 않는 날에도 계속 볼 수 있도록 하기 위해서였다. 일주일에 한 번. 그것도 30~40분 책을 읽는 것으로는 아이들의 책읽기 시간이 부족할 거라 생각했다. 읽어준 책이 항상 곁에 있어서 보고 또 보고 할 수 있어야 한다고 말이다. 아이들은 생각처럼 곁에 있으니 더 자주 봤고, 주변에 재미있는 책이 없는 곳이라 더 열심히 봤다.

2년 후에 내가 활동을 옮긴 곳은 지역아동센터였다. 조손가정이 특히 많은 동네라 방과 후 돌봄이 필요한 곳이었고, 다행히 아이들이 책을 읽었으면 좋겠다고 생각한 센터장님이 외부 기업체의 지원을 받아 어린이도서연구회 목록 도서 수백 권을 구비해 두신 곳이었다. 아이들이 모자원과 비교해 몇 배나 많아서 고학년, 저학년으로 나누어 읽어주기도 했다. 『아카시아 파마』를 읽어주고 나면 주변 숲에 가서 아까시나무 줄기를 따와 미용실을 열기도 하고, 그림책 그림을 따라 그리며 놀기도 했다. 아이들은 부족한 어른의 돌봄을 스스로 채워주며 자랐고, 책은 거기에 아주 약간의 물이 되고, 거름이 되었다.

다음 해엔 지역아동센터와 함께 이주여성지원센터에도 책읽어주기를 했다. 한국어 중급과정 이주민 여성들이어서 우리말로 책을 읽어주고 이야기도 나눌 수 있었다. 아이들이 어린이집에 다니고 있는 어머니들이 많아서 한국문화에 관한 그림책을 읽으면 도움이 되지 않을까 생각했다. 하지만 한국 민속이나 문화가 아직도 낯설고, 경험해 보지 않은 것들이라 그다지 재미를 느끼지 못하는 듯했다. 그러던 어느 날 『준치가시』를 읽었는데 동남아시아에서 온 어머니들이 활짝 웃기 시작했다. 무슨 일인가 했더니 면지에 그려진 바다 색깔이 고향마을 바다 색깔이라는 거였다. 순간 내가 그동안 한국문화를 알리려고 했던 것이 얼마나 쓸데없는 욕심이있는지 깨달았다. 아이들에게 읽어줄 책을 고를 때는 욕심보다 아이들이 좋아할 책을 우선 골랐는데, 어른에게 읽어줄 때는 욕심을 부렸던 거다.

2009년부터는 대구로 이사를 오면서 장애인종합복지관으로 책읽어주기를 가게 되었다. 포항지회에서도 장애인종합복지관에서 책읽어주기 활동을 했기 때문에 회원들에게 들었던 점을 상기하며 아이들을 만났다. 그날그날 감정기복이 있고, 소리 운율에 민감하며, 안 듣는 것 같아도 다 듣고 있다는 이야기들이 많았다. 중학생 아이들은 눈은 딴 곳을 보고 있어 책을 보지는 않았다. 다만 듣고 있다는 것은 확실히 알 수 있었다. 내가 읽은 단어를 따라하고, 문장을 곧잘 따라하기도 했기 때문이다.

종합병원 아동병동에서도 책을 읽었다. 휴게실에 모여서 읽어주기도 하고, 별도 병상으로 하나하나 가서 읽어주기도 했다. 대부분 '뽀로로'나 '코코몽'을 보느라 책 읽기를 거부했지만 지루한 병상생활에 이벤트처럼 여겨주는 아이들이나 보호자들 덕분에 계속할 수 있었다. 항암치료 때문에 1인실을 쓰는 아이가 그림책을 빛그림자극으로 만든 공연을 보고 싶다고 졸라서 1인 관객을 두고 보여주기도 했다. 장기입원 환아가 없어서 갈 때마다 듣는 이가 바뀐다는 점은 짧게 아프니까 다행이라며 넘길 수 있는 일이었다.

공공도서관에서도 책읽어주기를 했다. 포항에서는 시립영암도서관에서 했고, 대구에서는 시립수성도서관과 수성구립 범어도서관에서 했다. 앞의 경우는 불특정 참가자를 대상으로 했고, 뒤의 경우는 도서관에 견학 온 어린이집이나 유치원 유아들을 대상으로 했다. 같은 도서관이지만 듣는 아이들이 어떤 조합인지에 따라 듣는 자세나 읽어주는 책도 달라진다. 불특정 참가자들에게 읽어줄 때는 책을 다양하게 가져가야 한다. 어떤 연령의 어떤 아이들이 올지 모르기 때문이다. 하지만 견학 온 어린이는 미리 연령을 알고 있거나 그렇지 않다고 해도 예상 가능하다. 이런 책읽어주기의 경우 아이들을 통솔해 온 교사가 그림책에 관심을 가지는 경우 보람을 느끼기도 한다.

아이가 다니는 학교이기는 했지만 8년 동안 학교에서도 책을 읽어주었다. 개인적으로 학교에서 한 학급 아이들을 대상으로 책을 읽는 경우가 별다른 장애물이 없이 책을 읽을 수 있는 환경이었다. 담임선생님이 함께 계시면 더 쉽게 읽을 수 있다. 아이들이 모두 책에 집중하기 때문이다. 학교 책읽어주기는 아이가 고학년이 되어도 책 읽어주는 일이 재미있어서 오랫동안 활동하는 학모들을 만날 수도 있어 좋았다. 그런 사람들이 모여 독서모임을 꾸려 한 달에 두 번씩 만나 함께 책읽기도 했다.

그러고 보면 15년 동안 정말 다양한 기관에 가서 책을 읽었다. 모자시설, 지역아동센터, 이주여성센터, 장애인복지관, 종합사회복지관, 아동병동, 학교 등등 다양하다. 책 읽어줄 기관을 찾아 공문도 돌리고, 방문도 하고, 홍보도 했다. 가끔은 정말 필요한 활동이라고 반겨주기도 하지만 반대로 글자도 읽을 줄 아는데 굳이 읽어주어야 하냐고 거절하기도 했다.

책이 있고 글을 읽을 수 있어도 책을 읽지 않는 아이들이 많다. 주변에 책 읽어줄 어른이 없는 아이들도 많다. 책을 읽고, 읽어주는 경험 자체를 못 해본 이들도 많다. 혼자 읽으면 되지 굳이 읽어주어야 하냐고 하지만 책이 재미있다는 걸 모르는 사람들이 훨씬 많다. 1학년 때 모자원에서 만나 등을 돌리고 듣기를 거부하던 아이는 5학년이 되어 다른 지역아동센터에서 만났다. 처음엔 안 듣겠다던 아이가 회원들이 책을 읽었던 날짜와 읽은 회원 이름에 책 내용까지 기억할 정도로 책을 좋아하게 되었다. 고학년이었지만 그림책을 보겠다며 들어왔다가 나를 보고 반가워했다. 아이들은 책을 싫어하는 게 아니라 좋아할 기회가 없었을 뿐이다.

기관이 다르다는 건 만나는 사람이 다르다는 것이다. 같은 종류의 기관이어도 지역이나 규모에 따라 다르다. 기관장의 성향에 따라 달라지기도 한다. 그럼에도 불구하고 변하지 않는 건 가르치려고 책을 읽어주지 않는다는 것이다. 사실은 책보다 사람이었다. 아이들도 어른들도 내가 가져간 책보다는 책을 들고 온 내게 더 애정을 보였다. 책보다 사람이 고픈 이들에게 책을 들고 가서 읽어주는 일이 바로 '책 읽어주기'였던 것이다.

추천사

어린이도서연구회 대구경북지부에서 15년 동안 회원들이 실천한 책읽어주기 사례를 이처럼 잘 알 수 있는 소중한 책으로 태어났습니다. 책읽어주기는 우리 회가 1980년에 태어나 1990년대를 거치면서 20여 년 동안 전국 각 지회에서 실천해 보았던 수십 수백 가지 독서활동 가운데서 어린이와 어른이 책과 함께하는 세상으로 가는 길에 가장 기본이 되는 활동으로 선택한 것입니다. 그 길을 잘 보여주는 기록이고, 그 길을 밝혀주는 책입니다.

- 이주영 어린이문화연대 대표

추천사

어린이도서연구회 대구경북지부 회원들이 행한 책읽어주기 활동 기록이 책으로 나왔습니다. 책읽어주기 운동을 15년간 중단 없이 전개했다는 사실 하나만으로도 놀라운 역사를 일구어냈다고 하지 않을 수 없습니다.

처음에는 사회적 무관심과 일부 사람들의 냉대도 있었지만, 책읽어주기 운동은 멈추지 않고 꾸준히 계속되었습니다. 활동가들은 어린 학생들과 장애를 가진 분들이 책을 통하여 긍정적으로 변화해 가는 모습을 보게 되었고, 이들과 서로 소통하면서 독서의 소중함을 더욱 깊이 깨달아갔습니다. 또한, 이 과정에서 책읽어주기를 주선한 단체의 실무자들까지 소극적인 태도를 떨쳐내고 적극 호응하고 나서게 되었습니다.

독자 여러분은 이러한 감동적인 스토리를 이 책의 곳곳에서 만나게 될 것입니다.

- 부길만 언론학자, 출판역사연구회장

추천사

　어린이도서연구회는 2004년, 책읽어주기 확산을 위해 운동으로 나아갔습니다. 당시엔 책읽어주기를 독서교육이라 생각하지 않았으며 책을 읽어주면 어린이들이 책을 읽지 않을 것이라고 반대하는 분위기였습니다. 우리 회는 책읽어주기를 책과 친해지는 활동, '읽어주는' 어른과 '듣는' 어린이가 문학을 함께 즐기고 감동을 나누는 활동으로 정의하였습니다. 우리 회원들은 전국 도서관 · 학교 · 지역아동센터 등에서 꾸준히 책읽어주기 활동을 해왔습니다. 대구경북지부의 책읽어주기 15년의 기록이 책이 되었습니다. 책읽어주기를 통해 어린이와 어른이 함께 성장한 기록입니다.

- **김은옥** 어린이도서연구회 이사장

책 읽어주러 가는 길입니다

엮은이 | 우윤희 김현주 박나영 백민선 안연희

초판 발행 | 2021년 1월 15일

펴낸이 | 신중현
펴낸곳 | 도서출판 학이사
출판등록 | 제25100-2005-28호

대구광역시 달서구 문화회관11안길 22-1(장동)
전화_ (053) 554-3431, 3432   팩시밀리_ (053) 554-3433
홈페이지_ http://www.학이사.kr
이메일_ hes3431@naver.com

ISBN_ 979-11-5854-281-8   03370